JN082467

地域交通を持続可能にする方法

Mobility as a Service

MaaSが地方を変える

マース

森口将之
Moriguchi Masayuki

学芸出版社

はじめに

　MaaS の書籍を出すのは、これで 3 度目になる。しかし前 2 冊と本書とでは、大きな違いがある。新型コロナウイルスの感染が拡大し、いまなお収束の兆しを見せない中での出版であることだ。

　コロナ禍はモビリティにも大きな影響を及ぼした。中でも公共交通は大幅な利用者減に見舞われた。その流れは MaaS にも波及した。

　2019 年に『MaaS 入門　まちづくりのためのスマートモビリティ戦略』を出版した頃は、モビリティとはあまり関係のない会社が続々と名乗りを上げており、ブームと呼べる状況だった。しかしコロナ禍で公共交通が厳しい局面に陥ると、こうした勢力は潮が引くように姿を消した。

　ただし過去の著書でも書いたように、MaaS はまちづくりのためのツールの一つであり、儲けを期待して参入を企てた事業者が消えたことで、むしろ本来の概念に近づいたのではないかと思っている。

　その中で注目すべきなのが地方の動きだ。過疎化や高齢化、市街地拡散化といった課題解決のツールとして注目されたのに加え、経済産業省と国土交通省が共同で推進した「スマートモビリティチャレンジ」の効果もあり、コロナ禍にあっても各所で実証実験が着実に進んでいる。

　加えてコロナ禍では大都市への一極集中のデメリットが顕在化した。地方移住というこれまでにない流れが生まれ、余暇を楽しみながら仕事をこなすワーケーションという新しいライフスタイルが育ちつつある。

　いまこそ地方型 MaaS。そう確信した筆者は、個人的につながりのある都市や企業、大学などに声をかけ、自治体が主体となって交通改革に取り組んでいる地方の本気を伝えようと決意した。その結果生まれたのが本書である。

　具体的には群馬県前橋市、長野県東御市および小諸市、富山県富山市、愛知県春日井市、岐阜県中津川市、京都府京丹後市、山口県山口市の事例を、現地の関係者への取材をもとにお伝えすることにした。

　最大の目的はもちろん、コロナ禍を契機に地方が元気を取り戻してほしいということだ。モビリティやまちづくりに関わる人たちが、本書をきっかけとして地方の交通改革に乗り出すようなことになれば幸いである。

目次

第1章

都市から地方に広がり始めた MaaS

コロナが地方交通の苦境に拍車を掛けた

　2020年は新型コロナウイルス感染拡大で多くの人々が影響を受けた。モビリティ分野も例外ではなく、多くの人が外出を控え、テレワークで通勤需要が減ったなどの理由により、公共交通は利用者が激減した。

　当然ながら経営難に陥っている事業者は増えている。とりわけ苦境にあるのが地方の公共交通で、倒産や廃業という結果になった事業者さえある。

　地方の公共交通はコロナ禍以前から、経営面で厳しい事業者が多かった。その背景には、利用者減少と運転士不足という2つの理由がある。

　利用者の減少は、東京などへの一極集中によるところが大きい。多くの地方で鉄道が廃止され、バスに転換したものの、バスは鉄道に比べると遅いうえに時間に不正確であり、乗客離れが進み、それに合わせて減便という負のスパイラルに陥る例が少なくない。

　もう1つの運転士不足は、地方だけでなく東京のような大都市でも発生

しており、安定した利用者がいるのに減便や路線廃止が相次いでいる。後の章で詳しく説明するが、筆者は長野県東御市の公共交通改革事業でアドバイザーを務めていた。そこでも電気バスの増車に伴い運転士を探したものの、なかなか見つからなかったという経験がある。

こうした苦しい状況の中で新型コロナウイルスの感染が拡大した。公共交通が感染拡大の原因ではないかという声も出るようになり、自動車や二輪車、自転車などでの移動に切り替える移動者も多くなった。

実際には、通勤列車や路線バスは窓開けを行っているうえに、ひんぱんに扉の開閉をしており、研究所などの検証でも感染は広がりにくいという結果が出ている。新幹線や高速バスのように、停車間隔が長く窓が開かない車両についても、5〜10分で車内の空気が入れ替わる構造になっており、座席を向かい合わせにして飲食をしながら歓談するなどの行為を慎めば、いわゆるクラスターの発生源にはなりにくい。

しかしどんな分野であっても風評被害は出るもので、インターネットでは「感染源ではないか」という憶測や「クラスターだという噂」などの作り話が広まり、伝聞を重ねていくうちにそれらが事実と見なされていったりして、「公共交通は危険」という誤った情報として広まり、いまだにそれを信じている人がいる。

こうした風評被害も公共交通にダメージを与えた。もちろん大都市を走る大手鉄道会社も影響は受けたが、とりわけ地方では多くが小所帯で経営体力に余裕がないところが多いことから、深刻な事態に陥っている交通事業者も少なくない。

もとより地方は自家用車がないと生活が成り立たない地域もあり、工場などテレワークが実施できない事業所ではマイカー通勤を奨励したという事例も耳にしている。こうした状況も逆風につながった。

頼みの綱の観光需要が激減

　地方の交通事業者の中には、鉄道や路線バスでは収益が望めないことから、観光バスを収益の柱にしていたところも多かった。しかしコロナ禍でインバウンドを含めた観光需要が激減。感染拡大初期に外国人観光客とともに乗務したバスガイドが陽性になったというニュースもあり、感染防止の観点からも観光バス需要は大幅に減った。

　それでも2020年夏から秋にかけては、国のGoToトラベル事業の恩恵を受け、観光需要が持ち直した地域はあるものの、感染再拡大を受けた施策の一時停止を受け、先行きは再び不透明となった。年々増加を続けていたインバウンド需要は皆無に等しいままであり、海外の感染状況を考えれば元に戻るにはもう少しかかるだろう。

　国際航空運送協会（IATA）は2021年2月、2020年の旅客需要が前年比66％減で史上最悪を記録したと発表した。中でも悪化したのが国際旅客で、減少率は76％に達した。

　また同年5月には、IATAは2021年の世界全体の航空旅客需要が2019年比で52％になるとの見通しも示しており、需要が完全に回復するのは2023年と述べている。つまりそれまではインバウンド需要は多くは望めないことになる。

　2020年7〜9月に開催予定だった東京2020オリンピック・パラリンピック競技大会が延期され、学校の休校で修学旅行などの行事も中止されたことに加え、狭い車内で長時間過ごすことがいわゆる「三密」につながるのではないかという不安もあり、観光バスの需要は大幅に減少した。

　オリンピック・パラリンピックは2021年7〜9月に開催される予定で動いているが、海外からの観客は受け入れを断念しており、日本においてもインバウンド需要はしばらく期待できないという見方が大勢を占めている。

　ではどのぐらい打撃を受けているのか。一般財団法人 地域公共交通総合研究所の代表理事で、岡山県を中心に交通事業などを幅広く展開する両

備グループ代表を務める小嶋光信氏が2020年11月26日に発表した調査結果を引用させていただく。鉄軌道・バス・旅客船事業に従事する124社が回答しており、信頼のおける内容であると思っている。

一部を紹介すると、2020年4〜9月で約半数にあたる52％の企業が前年度比で30〜50％の輸送人員減少となっており、22％の企業は50〜70％、13％の企業は70〜90％という壊滅的な減少に見舞われている（図1）。もちろん売上金額も減少しており、結果として9月までに11％が債務超過に転落しており、剰余金を半分以下に減らした企業も39％存在するそうだ。

このまま政府などからの補助や支援が得られない場合、19％の企業で今期中に経営維持が困難になり、31％は来期中に経営維持が難しくなるという回答が寄せられている。

事業者はすべてを政府に頼る姿勢ではなく、自身の企業努力も行うことを基本とし、そのうえで公的支援を受けながら、公共交通を守るスタンスと報告しているが、いずれにせよ国内の公共交通は多くが危機的状況にあることは間違いない。

この発表が契機になったかどうかはわからないが、国も動き始めている。国会では2020年12月、人口の減少や大規模災害、コロナに代表される感染症の流行などを踏まえ、公共交通の機能を維持するために国が支援することを明記した改正交通政策基本法が可決成立した。また同月閣議決定された第三次補正予算には、国土交通省が緊要な経費として要求したポストコロナを見据えた地域公共交通の活性化・継続」が盛り込まれた。

それでも事業者の中には独自に対策を取っているところもある。石川県で鉄道やバスを運行している北陸鉄道はその一つだ。

北陸鉄道は観光バス事業の利益で鉄道事業の赤字を埋め合わせてきた。鉄道事業についても、自身の企業努力に加え周辺自治体の発展もあり、近年は利用者を伸ばしてきた。しかしコロナ禍で観光バス事業が大きく落ち込んだ他、鉄道や路線バスの利用者も減少。2021年3月期の連結最終損

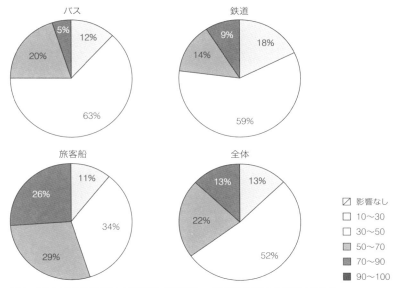

バス

鉄道

旅客船

全体

影響なし
10〜30
30〜50
50〜70
70〜90
90〜100

図1　コロナ禍での輸送人員減少率（資料提供：一般財団法人地域公共交通総合研究所）

図2　北陸鉄道浅野川線

益が 20 億円の赤字になった。

　これに先がけて発表された 2021 年 4 月のダイヤ改正では、バスについ
ては系統新設や延伸、増発の路線もあるのに対し、一部の郊外路線では減
便や廃止を実施。高速バスでもダイヤの見直しを行っており、観光バスは
一部の路線やバス停を廃止した。石川線と浅野川線（図 2）がある鉄道は、
前者が平日 10 本／土日祝日 4 本、もともと平日と土日祝日で同一ダイヤ
だった後者は 6 本の減便としている。

　観光バスやタクシーでは倒産や廃業という選択をした事業者も出てきて
おり、地方の交通事業者にとっては、以前から苦しかった状況に新型コロ
ナウイルスが追い討ちをかけたような格好になっている。

量から質への転換の中での MaaS

　ではどうすれば地方の公共交通を維持できるのか。JR 東日本では 2020
年 9 月、翌年春のダイヤ改正での終電繰り上げを発表する際に「需要は元
には戻らない」と発表した。多くの人の生活スタイルが変わったことを考
えれば、これは納得できるところである。

　そうなるともはや、多くの民間事業者が同一の都市内で競争しつつ、運
賃収入を原資として黒字経営を目指し、赤字になれば路線や駅の廃止など
を行うという日本流の公共交通運営は限界にきていると感じざるを得ない。

　拙著『MaaS 入門 まちづくりのためのスマートモビリティ戦略』では、
MaaS 発祥の地であるフィンランドの首都ヘルシンキの公共交通について
も紹介した。そこでは実際に運行を司る事業者は複数存在するものの、周
辺都市を含めて HSL という一つの組織が管轄し、営業収入の半分近くは
政府や自治体からの補助金で賄われている。これが欧米の公共交通のスタ
ンダードである。つまり公立学校や図書館と同じような体制になっている
（図 3）。

　もちろんその中で経営努力をしていくことは大切であり、MaaS 誕生の

図3　ヘルシンキの路面電車

理由の一つに公共交通利用者増加という目標があったが、ベースとしての資金が安定していれば車両やインフラのバージョンアップ、自動運転やMaaS などのテクノロジーの導入がスムーズにいくはずで、乗務員の待遇改善もできる。

　遅ればせながら日本でもこうした動きは始まっている。2020 年 11 月に施行された独占禁止法（独禁法）特例法では、人口減少などで持続的なサービス提供が難しいバス事業者と地域銀行について、合併などについて独禁法の特例を定めるというもので、2021 年 4 月から熊本市周辺と岡山市で適用された（図4）。

　しかしこの法律では経営統合について認められただけであり、税金や補助金を原資とした運用については触れていない。コロナ禍で地方の公共交通の経営が厳しい状況に置かれている今こそ、欧米流の経営手法を導入すべきだろう。

　とはいえ我が国の現状のルールの中でも、改革の道は残されているし、

図4　岡山駅前の路線バス

一部では実践に移されている。ひとことで言えば「量から質への転換」であり、利用者減少を逆手に取った方向性である。

　筆者が関係している活動では、レイルウェイ・デザイナーズ・イブニング（RDE）でこの方向性が話題になった。RDE とは、鉄道に関わりながら専門分野の違うさまざまなデザイナーが一堂に会し、所属や役職を超えて交流しながら、総合的視点で鉄道の未来を思考する夕べと、これを提供する活動グループのことだ。

　毎年１回フォーラムを開催しており、2020 年は 12 月に感染症対策を徹底し、形式を変え、人数を限定して開催された。ここで多くの参加者から語られたのが、量から質への転換という提言だった。

　高度経済成長時代の鉄道は大量輸送が基本であり、機能性や合理性、生産性の向上がデザインの基本となっていたという。しかしそれは、人口も所得も右肩上がりという時代の話であり、人口減少に加えてコロナ禍で移動そのものが減少しつつある今後は、発想の転換が必要という意見がいく

つか出された。その中で出てきた方向性が、量から質への転換だった。

　具体的に言えば、移動に付加価値を与えることで多くの移動者に利用してもらい、同時に収益を引き上げるという方向性であり、筆者は日本における具体例として、通勤ライナーと MaaS を挙げたい。

　大都市の鉄道路線で運行されている通勤ライナーはもともと、JR に移行する直前の旧国鉄が 1980 年代に、特急型車両の間合い運用として通勤客向けの有料座席指定列車を走らせたのが皮切りで、その後主として首都圏や関西圏の JR や私鉄の一部路線で導入されている。近年は通勤ライナー使用時とそれ以外の使用時で座席の向きを電動で一斉に変え、双方の用途に対応できるようにしたデュアルシートを備えた車両が多くなっている。

　新型コロナウイルス感染拡大で、一部の事業者は観光列車同様運行休止に踏み切ったものの、逆に三密を回避できることから、東武鉄道や京王電鉄など増発に踏み切ったところもある。阪急電鉄のように新規導入を検討する事業者もあり、利用者への付加価値提供として広まりつつある。

　そして MaaS である。『MaaS 入門』でも紹介した MaaS Alliance では、「さまざまな形態の輸送サービスを統合した、オンデマンドでアクセス可能な単一のモビリティサービスとしており、MaaS オペレーターは利用者の要求を満たすべく、公共交通、ライドシェア、カーシェア、自動車シェア、タクシー、レンタカーなどさまざまな交通手段のメニューを用意すること」と MaaS を定義している。

　公共交通はそれまで、各事業者が独自に時刻表提供やチケット販売などを行っていた。カーシェアや自転車シェアの利用料金支払いもそうだった。MaaS はそれを、スマートフォンのアプリなどを用いて単一にまとめた。利用者にとって機能性や快適性を引き上げるツールであり、付加価値型サービスの一つと見ることができる。

　さらにコロナ禍では一部の鉄道事業者が、鉄道や駅の混雑状況を知らせるメニューをアプリに加えるなど、移動に付帯した多彩な情報を提供しつつある。これらもモビリティサービスの質を高める役割を果たしている。

もちろん MaaS の導入に際しては相応の人材や費用が必要であり、財政的に恵まれているとは言えない地方の自治体や交通事業者にとって、踏み出しにくい一歩かもしれない。

　しかし一方で、地方のほうが MaaS に有利な要素もある。東京のように多くの事業者が存在していると、情報などの統合に困難が付きまとうのに対し、地方の公共交通は少ない事業者で展開していることが多いので、初めから統合しやすい。

　日本は第二次世界大戦中、乱立する事業者を整理統合して経営の安定化を図る観点から「陸上交通事業調整法」が制定され、公共交通事業者の統合がなされた。富山県や香川県、福岡県などいくつかの地域ではその状況が残っている。

　戦後になって前述の独禁法が制定され、こうした枠組みは逆に禁止されることになったが、陸上交通事業調整法による組織は適用除外とされており、枠組みがそのまま残っている。そして昨年、前述したように地方の路線バスについては経営統合が認可された。筆者はこれまでも、MaaS については大都市よりも地方のほうが導入しやすいと主張してきたが、その傾向がより高まったと考えている。

　しかもコロナ禍では、東京都内に住んでいた住民の一部が、郊外や地方へ移住を始めている。その証拠に東京都の人口は 2020 年 7 月から 7 か月連続で減少した。これも地方にとっては追い風になるが、大都市で暮らしてきた人々は公共交通での移動が習慣になっているので、まち選びの段階でもそのあたりの利便性を重視する可能性は十分にある。利便性の高い地域交通を提供することが、地方に人を呼び寄せるうえで重要であり、そのためのツールとして MaaS は有用であると考えている。

オンデマンド交通が最善ではない

　地方の公共交通の衰退の過程としてよく見られるのが、鉄道をバスに転

換したものの、それでも利用者の減少が止まらないので、定時定路線のバスをオンデマンド交通に転換するというパターンだ。

たしかに鉄道は車両だけでなく線路や駅などのインフラも保有しており、運営や管理の費用が嵩む。それに比べればバスは車両の費用が抑えられるうえに、道路という公共空間を使い、バス停も駅に比べれば簡便な作りなので経費を圧縮できる。

しかし道路を走行することから交通渋滞などの影響を受けやすく、定時性では鉄道に比べると大きく劣る。こまめにバス停に止まるので他の自動車よりも遅く、筆者の経験では自転車のほうが早く着く場合もある。これが利用者離れを招いたという話はよく聞く。

乗客が乗らなくなれば、定時定路線で走らせる意味合いが薄れるわけで、電話などで予約があったときだけ運行するオンデマンド交通に転換するというのは、ある意味自然な流れである。2011 年からは導入に際して補助金を交付するようになったことも、普及を後押しした。

定時定路線バスのオンデマンド交通化は、マイカーに近いドア to ドアでの移動を可能にするなど、利用者にとってもメリットがある。とりわけ足腰の弱い高齢者などにとっては重宝する。

しかしながら多くの場合は事前登録が必要であるうえに、電話などで予約も必要であり、こうした手順を手間と感じる人もいる。また高齢化が進んだ地域では、病院など同じ目的地に同じ時間帯に移動する人が多く、希望の時間に乗れない、経由地が多くなるので時間がかかるなどの不満も寄せられている。

一方で運営側にとっては、ドア to ドアにこだわったがゆえに、地域内のすべての住民の場所を把握し、いつ舞い込んで来るかわからない、どの時間を指定してくるかわからない利用者の要望に応え、経路を考えていかなければならない。つまり運転士とは別に、オペレーターが必要となるわけで、ただでさえ厳しい財政事情の自治体にとってはさらなる負担になる。

運賃設定は定時定路線バスとタクシーの中間ぐらいとなり、バスより高

い設定としているのが一般的だ。当然ながら日常的に利用する住民にとって負担は大きい。

　そのため一部の自治体では、定時定路線の公共交通を復活させる動きも出ている。一部はバスよりも小型の車両を使っていることから乗合タクシーと呼ばれるが、多くは定時定路線であり、路線バスの小型版と言っていい存在である。

　後の章で詳しく紹介するが、筆者がアドバイザーとして導入に関わった長野県東御市の電気バスも、同市で以前から走っていたオンデマンド交通が、近年の利用者低迷による運賃値上げなどで苦境に陥っていたことや、利用者からも予約が面倒であるなど不満が寄せられていたことから、市内循環バスの実証実験に踏み切った（図5）。

　この問題を解決するべく登場したのが、AIオンデマンド交通である。スマートフォンアプリあるいは電話対応により予約を受け付け、最適な経路をAI（人工知能）が計算し、従来のオンデマンド交通より効率的な運行を目指すというものだ。

　しかしこれも、過疎地域の住民を最寄りの鉄道駅やバスターミナルなどの地域拠点に運ぶ用途に限られると考えている。自治体内のすべての住民の移動の希望に応えるとなると、マイカーと同等レベルの車両と運転士が必要になり、AIを駆使したところで自治体の手に負えるキャパシティではなくなるからだ。

　さらにまちづくりの観点で見ると、オンデマンド交通は自宅から目的地に直行するという点ではマイカーに近く、まちなか回遊などの効果は得られにくい。つまり中心市街地活性化についてはあまり寄与しないということになる。

　AIを導入するか否かにかかわらず、オンデマンド交通は既存の公共交通では埋めきれない地理的・時間的な穴を埋める補完的な存在であることを、多くの方々に認識していただきたい。

　また運転士不足解消や人件費削減、そして安全運行などの観点から、将

図5　東御市オンデマンド交通

来的に自動運転を導入する場合にも、住民や自治体との相談のうえで決められた路線と停留所を設定したほうが、実現可能性ははるかに高くなる。

　安全な自動運転を実現するためには、車体に取り付けたセンサーだけでなく、道路の車線や標識、周囲の建物までを情報として取り込んだ高精度地図が必要となる。この高精度地図は製作途上であり、我が国では高速道路が完成したという段階で、国内すべての公道の高精度地図が完成するのは遠い未来の話である。

　よってマイカーの自動運転は当面は高速道路などに限られるはずであり、地域輸送に自動運転を導入するのであれば、経路と時刻、停留所を定めた定時定路線バスによる運行のほうが、はるかに実現性が高い。

　こうした状況を冷静に判断したうえで、日本の自治体としては初めて、2020年11月から定時定路線バスとして公道での運行を始めたのが茨城県境町である。

　人口約2.4万人で町内に鉄道駅がない境町では、公共交通は他の自治体

図6　境町自動運転バス

から乗り入れる路線バスに頼っている。以前走らせていた市内循環バスを利用者数の低迷で廃止した後、オンデマンド交通も検討したが、将来を見据えて定時定路線の自動運転バスを選択した（図6）。

　境町の自動運転バスは、現在はオペレーターが乗車し、駐車車両の回避などは手動運転に切り替える自動運転レベル2で、運賃は無料としているが、将来は乗務員がいないレベル4に移行していくという。その状況に移行した場合は、MaaSアプリのようなデバイスが不可欠になる。

　乗務員がいないので、乗り降りの停留所を利用者自身が設定しなければいけなくなるからだ。さらに有料となった場合は運賃決済もアプリなどで事前に決済する必要がある。自動運転によるモビリティサービスは、MaaSとセットで考えるというのが自然であろう。

　いずれにせよ境町のこの挑戦は、今後の地方交通をどうすべきかを考えるうえで、ヒントの一つになっていると筆者は考えている。

アプリでないと MaaS ではない？

　日本の鉄道事業者は前に紹介したように、多くが民間企業である。ゆえに鉄道事業以外に住宅地や観光地の開発などを積極的に行ってきた。阪急電鉄や東急による沿線の宅地開発や娯楽施設建設は有名であり、観光地についても神奈川県箱根、三重県伊勢志摩など、鉄道事業者が開発や運営に携わっている例は多い。

　その過程で多くの鉄道事業者が提供するようになったチケットに、フリーパス、フリーきっぷなどと呼ばれる企画乗車券がある。観光地への往復の鉄道や現地でのバスなどのチケットを一つにまとめたもので、観光施設の入場券や食事券が含まれたものもある。有効期間は1〜3日間が多くなっている。

　鉄道事業者そのものが当該地域の観光開発に関わってきたこともあり、利用できるのは一般的に、同じ企業グループ内の鉄道やバスに限られるが、中には他社の鉄道やバスを使える場合もある。

　多くの場合、パスの形態は紙の乗車券で、自動券売機対応もあるものの、駅や旅行代理店の窓口で購入することになる。MaaS はスマートフォンのアプリなどで提供されるのは一般的であり、紙の乗車券では MaaS と呼べないという人もいよう。

　しかし、さまざまな形態のモビリティサービスを統合しているわけであり、筆者はこうした商品は「アナログ MaaS」と呼んでいる。

　現在はインターネットやスマートフォンで多くのサービスの予約や決済が可能となっており、駅や旅行代理店の窓口に行くのは前時代的と感じる人もいるだろう。新型コロナウイルスの感染が拡大した現在は、感染防止という観点でもそういう気持ちを抱く人は多いはずだ。

　しかし観光フリーパスでは複数のモビリティサービスがすでに統合されているので、これを MaaS に発展させるのは困難ではないはずだ。現に日本独自の MaaS の形態として「観光型 MaaS」の実例がいくつか登場して

いるのは、こうした実績があるからだろう。

　またいち早く観光型 MaaS の実証実験を行った JR 東日本と東急が中心となって提供している「Izuko（イズコ）」では、フェーズ 1 では専用アプリを用意したものの、一生のうちに何度も使わない特定の観光地のためにアプリをダウンロードする行為が手間であるという意見を受けて、フェーズ 2 以降はウェブサイトでの提供としている。

　このように状況に応じて最適なデバイスやインターフェイスを用いて MaaS を提供する柔軟性もまた大事になろう。我が国では交通事業者の IC カードも普及しており、利用価値がある。アプリでなければ MaaS ではないと考える人もいるようだが、筆者はそうは思わない。

　都市内の公共交通を対象としたアナログ MaaS も存在する。後の章で詳しく紹介する富山市の「おでかけ定期券」は代表格と言えるだろう。

　おでかけ定期券は IC チップなどは埋め込まれていない普通のカードではあるが、市内各地から中心市街地へ出掛ける際に公共交通を 1 乗車 100 円で利用でき、中心市街地にある協賛店や市の体育施設や文化施設もお得に利用できるなど、さまざまなサービスを統合しており、MaaS の概念を満たしていると考えている。

顔認証というブレークスルー

　経路検索や事前決済はもちろん、現地決済のための QR コード表示もできるスマートフォンアプリは、MaaS を展開していくうえで最適な手法と考えている人は多い。しかしここへきて、新たなデバイスが主役の座になろうとしている。顔認証技術がそれだ。

　顔認証技術を簡単に説明すると、顔の位置や大きさ、目・鼻・口などの特徴点を元に、誰であるかという照合を行う認証技術のことである。なりすましが困難なためパスワード設定の必要がなくなるだけでなく、一度登録すれば端末はスマートフォンやタブレットのカメラでも対応可能という

手軽さもメリットだ。

顔認証技術を交通分野で取り入れる利点は多い。まずは IC カードやスマートフォンなどを使わなくても駅や車両のゲートを通過できることだ（図7）。両手に荷物を抱えているような際には助かるし、スマートフォンは苦手という高齢者も、

図7　顔認証自動改札機

最初に登録さえ済ませてしまえば、その後はいわゆる「顔パス」で利用できる。

事業者側にも利点がある。顔認証でゲートを通ると記録が残るので、個人の移動データが収集できることだ。都市や地方の中で住民や観光客がどのように動いたか把握できる。もちろん個人情報の取り扱いには気をつける必要があるが、データを分析することで移動の最適化を図ることが可能になる。

我が国の公共交通における顔認証は、大都市では大阪メトロ（大阪市高速電気軌道）が 2019 年から翌年にかけて、社員を対象とした顔認証改札機の実証実験を実施したが、一般利用者向けの導入は本書執筆時点ではまだ明らかになっていない。

一方で地方都市や観光地でも、顔認証の実証実験はいくつかの動きがある。もっとも有名なのは和歌山県の南紀白浜で、南紀白浜空港を運営する南紀白浜エアポートと顔認証技術を開発した日本電気（NEC）が 2019 年から顔認証を活用した「IoT おもてなしサービス実証」を実施。地域の玄関口である空港で顔情報とクレジットカードなどの情報を登録することにより、その後は顔認証で宿泊施設や商業施設、レストラン、観光バスなどの

利用を可能としている。

　現在は新型コロナウイルス感染対策として、空港や主要テーマパーク、ホテルで施設内の混雑状況を表示するデジタルサイネージを設置するなど、直近の要望にも応えており、実証実験は2022年3月31日まで行われる予定だという。

　日本に先駆けて顔認証が普及している米国ではトラブルも多いと聞く。しかし筆者は技術の精度にも問題があり、日本企業の技術であればまた話が違ってくると考えている。たとえば南紀白浜で実証実験を重ねているNECの顔認証は2019年、米国国立標準技術研究所（NIST）が実施した顔認証技術のベンチマークテストで、1200万人分の静止画の認証エラー率0.5％という結果を出しており、他社を大きく引き離す第1位の性能評価を獲得している。

　新型コロナウイルスの流行が続く現在は、マスクを装着していることが多いので、顔認証は不便だという声もある。しかし最新の顔認証技術ではAIのディープラーニング技術を駆使することで、マスクをしていても99.9％という高精度の認証が可能になっているとのことだ。そもそも顔認証は非接触のデバイスであり、感染防止の観点でも有効な技術と言える。

　交通分野では国内外の空港での搭乗手続き、路線バスや観光バスの乗車時などで実証実験を重ねており、海外では本格サービスに移行した事例もある。こうした中で筆者は群馬県前橋市と富山市での実証実験に参加し、実際に自身の顔を使って顔認証を体験した。詳細については後の章で触れるが、気になる認識速度についても不満はなく、今後のモビリティサービスで有効な技術になりうると確信した。

　これに限らずMaaSは、概念は不変であるものの技術面では進化を続けており、MaaS Allianceが設立された2015年の定義が現在も理想であるとは言い切れない。大切なのは個々の移動者がもっとも便利で快適だと感じるサービスの構築であり、地域の実情や技術の進歩に柔軟に対応しつつ、その時点で理想のMaaSを提供することではないかと考えている。

第2章
マイカー王国からの脱却目指す
——前橋市

自動車保有率第1位の県都

　群馬県の県庁所在地である前橋市は、面積は311.59km²、人口は2021年6月末現在で33万4204人となっている中核市である。市域は赤城山の南麓に広がっており、関東地方を代表する大河川である利根川が市内を縦断している。

　西隣には前橋市に近い規模の都市として高崎市がある。どちらも平成時代に周辺町村と合併して市域を拡大しており、現在は面積、人口ともに高崎市が上回っている。県内では行政の前橋、経済の高崎という棲み分けがなされており、合併して埼玉県さいたま市になる前の浦和市と大宮市の関係に近い。

　交通については、江戸時代の五街道の一つ中山道の宿場町が置かれたのは高崎であり、江戸と新潟を結ぶ三国街道も前橋は通っていなかった。

　明治時代に入ると現在の東日本旅客鉄道（JR東日本）高崎線が開通して

まず高崎駅が誕生し、続いて両毛線が高崎から伸びて前橋駅も開業（図1）。さらに前橋駅から北に1kmほど離れた中央前橋駅を起点とする上毛電気鉄道（上電）も走り始めた（図2）。

　ところが高崎駅の発展はそれを上回っており、当初の高崎線に加え、信越本線と上越線、八高線、上信電鉄の始発駅となり、1980年代以降は上越新幹線と北陸新幹線が相次いで乗り入れて分岐駅になるなど、群馬県を代表するターミナルに成長した。

　道路のほうは、国道17号線と関越自動車道は前橋市と高崎市の双方を通過し、後者は両市にインターチェンジを持つが、東京に近いのは高崎インターチェンジのほうである。

　加えて群馬県は、第二次世界大戦前に軍用機工場として太田市に設立された中島飛行機が、戦後富士重工業（現SUBARU）となって自動車生産の拠点になったこともあり、高度経済成長時代から自動車が普及。一般社団法人自動車検査登録情報協会が発表した毎年3月末現在の統計によれば、群馬県の1人あたり自家用自動車保有台数は、2015～2020年の6年間全国一であり続けている。

　こうした状況を反映して、群馬県には街道沿いに店舗を構える、いわゆるロードサイドの商業施設が多い。前橋市も例外ではなく、家電量販店ヤマダ電機の創業の地であり、ホームセンターのカインズや作業服・作業関連用品専門店ワークマンなどをグループ内に持つベイシアが本社を構える。

　前橋市の中心市街地である本町は、上電中央前橋駅が最寄りであり、前述のとおりJR前橋駅から1km弱北にある。また県庁や市役所などが集まる官庁街は、大手町という町名が示すように、江戸時代は前橋城があった場所で、本町から1km近く西の利根川沿いにある。主要拠点が微妙に離れていることも、自動車移動の依存度を高めたかもしれない。

　物価が安い、医療が充実している、子育て世代に優しいという調査結果もある前橋市であるが、マイカーを持たないとこうした充実した生活は享受しにくいという判断もできそうである。それは通勤にあっても例外では

図1　JR両毛線前橋駅

図2　上毛電気鉄道中央前橋駅

ないようだ。

　前橋市には県庁がある関係もあり、国の出先機関や企業の支店が多い。そのため他の自治体に通う人より、前橋に働きに来る人のほうが多い。しかも市内には関東一の大河川である利根川が縦断しており、高崎市など西部から前橋市中心部に行くには利根川を渡る必要があるので、通勤時間帯は橋の周辺で渋滞が発生している。

　市内のタクシー運転手の話では、新型コロナウイルス感染拡大でテレワークが増えており、出張も減ったので移動者は減少しているというが、テレワークが難しい職種も多い中で、感染リスクを回避したいという気持ちから、マイカー通勤を選択している人もいるだろう。

　一方で前橋市は高齢化も進んでいる。2020年9月末現在、前橋市の全人口に占める満65歳以上の高齢者の割合は29.3％で、総務省統計局による同年9月15日現在の全国の高齢化率28.7％を上回っている。

　全国的に高齢者が関係する交通事故が多く報じられ、運転免許の返納者数も増えている。前橋市でも例外ではなく、ニュースで高齢者の交通事故が報じられるたびに返納者が増えているということで、行政のみならず市民も、免許返納後の移動について関心を持っているという。

　しかしながら市民1人1日あたりの路線バスの利用回数や利用者数は、中核市の中でも下位に位置するといった課題も前橋市は抱えている。よって多くのバス路線が補助金を受けて運行する委託路線になっている。

　委託路線バスの年間利用者数は約100万人で、最近20年間は大きく変わっていないが、路線数が増えているので、路線あたりの利用率は減っている。しかも補助金額は増加傾向で、2020年度は年間3億円を超えるまでになっており、路線維持にかなり厳しい状況が生じているという。

バス改革の3本柱

　こうした状況を受け前橋市は2018年3月、「前橋地域公共交通網形成計

画」を策定した。これは持続可能な交通ネットワークを維持していくために、バス路線の改革を中心に、さまざまな政策に取り組んでいくことを示したものだ。

本書を執筆するにあたり、前橋市の交通行政を担当する交通政策課をはじめとする担当者から説明を受けた。それによれば、同計画は2012年から現職を務める山本龍市長の交通改革に賭ける想いが形になったものだという。

同市では赤字が続く上電沿線の桐生市・みどり市と共同で、同線のLRT化を検討していた。上電中央前橋駅とJR前橋駅の間に新たに軌道を敷き、上電に乗り入れるという構想だったが、道路拡幅が必要であるなど整備費用が多大になることから、現状ではLRT導入は難しいという結論となった。

そこで市民が日常的に使っている交通手段であるバスに再着目し、MaaSや自動運転など先進技術を取り入れ、既存のシステムを高度化していくという戦略に転換した。それを明文化したのが前述の計画である。前橋市では重点的に取り組んでいく路線バス政策として、次の3点を挙げている。

1：広域幹線の設定

　前橋市と北側の渋川市方面、南側の玉村町方面の3都市を結ぶ路線を広域幹線として位置付け、パターンダイヤ化、運行本数充実などで使いやすい路線にしていく。

2：地域内交通の導入

　多くの路線が前橋駅を中心に放射線状に走っており、郊外に行くほどカバーしていない地域が多くなるので、地域主体の運行計画に基づくオンデマンド交通などを導入し、地域内移動や支線機能を確保していく。

3：都心幹線の設定

　中心市街地においては、本数自体はかなりあるが、JR前橋駅の発着に合わせてダイヤを組んでいるので数珠つなぎになりがちであり、ダイ

ヤを組み替えて等間隔の高頻度パターンダイヤを構築していく。

　この3項目についてはその後、国の活性化再生法改正に伴う対応を盛り込んでいる。2020年度「持続可能な運送サービスの提供の確保に資する取組を推進するための地域公共交通の活性化及び再生に関する法律等の一部を改正する法律案」が成立したことを受け、前橋市地域公共交通網形成計画を「前橋市地域公共交通計画」へ修正するとともに、複数事業者による共同経営計画の策定も進めている。

　前者については都心幹線の時刻設定や区間の具体化などで、現状に応じた追加修正をしつつ、定量目標の標準指標として「住民等の公共交通の利用者数」「公共交通の収支率」「公共交通への公的資金投入額」の設定を行うとともに、追加施策案として、MaaSや自動運転、AIオンデマンド配車などICTを活用した地域交通網の有効化も計画に落とし込んでいくとしている。

　後者については都心幹線について、独占禁止法の適用除外を活用した共同経営計画を策定し、持続的なサービスの提供を図るとしている。共同経営といっても事業統合を進めるわけではなく、ダイヤ設定で高度かつパターン化されたダイヤの設定を目的とするもので、2021年4月から熊本市および岡山市で導入しているものに近い。

　ちなみに都心幹線は、JR前橋駅、本町、官庁街を結ぶ本町ラインと、JR前橋駅から上電中央前橋駅、本町北側の立川町通りを経由して県庁方面に至る中央前橋ラインがある。現状はどちらもJR両毛線の発着に合わせて複数のバスが同時刻に発進していたものを、6社あるバス事業者間の調整により、前者は15分に1本、後者は30分に1本という等間隔発進に改め、使いやすくしていく。この改革は2021年度中に手がけたいという。

　利用環境向上のための取り組みも行っている。群馬県では第6章で説明するGTFS（標準的なバス情報フォーマット）に沿ったオープンデータ整備をしている。これを活用したバスロケーションシステム（バスロケ）は2019

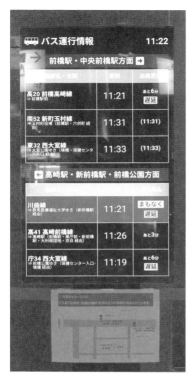

バス運行情報 11:22

図3　市役所のバスサイネージ

年度から実証実験しており、ウェブサイトやサイネージで案内している他、2020年度にはこれまで事業者別だった市内中心部のバス総合時刻表を試験的に公開した（図3）。バスロケのサイトは月4万人のアクセスがあるそうで好評だという。

待合環境の改善も進めており、バスシェルターと呼ばれる屋根付き広告入りバス停を整備し、2020年度までに合計5ヶ所が完成した。また交通系ICカードについても同年度、まずバス事業者の1つである関越交通の路線に導入した。いずれも今後、適用を広げていきたいとしている。

郊外部の地域内交通としては、中心市街地の北に位置する富士見地区、東に位置する大胡・宮城・粕川地区および城南地区でオンデマンド交通を導入し、線ではなく面でカバーする体制を示している。

このうち富士見地区の「るんるんバス」、大胡・宮城・粕川地区の「ふるさとバス」はバス・タクシー事業者が運営を担当しているのに対し、城南地区の「城南あおぞら号」では住民主体の移動サービスが展開されている。

同地区では2011年から地域内交通の導入が検討されていた。これに対して市では地域公共交通網形成計画に基づき、公共交通不便地域の解消を図るため、2018年度より地域内交通を運営する「城南地区地域内交通運営委員会」への支援を開始している。

その後は同年12月から翌年2月にかけて地域内交通実験を行ったあと、

2020年2月にプレ運行を開始した。7月には愛称が「あおぞら号」に決まり、10月に本格運行を開始している。

　オンデマンド交通については前章で欠点について触れた。前橋市でも手間はかかるし待ち時間が生じる点は認識していたが、運賃が大人210〜300円と安いこともあり、地域住民に根付いた存在であるという。ただし特定の時間帯に予約が集中する傾向はやはりあるので、今後は需要に応じて運賃を変動させるダイナミックプライシングも検討していきたいとしている。

「MaeMaaS」命名の理由

　ここまで紹介してきた改革と並行して進めているのがMaaSだ。MaaSをうまく活用していくことで、前述した交通体系をより一層有効化していきたいと考え、2019年度から継続して取り組んでいる。

　2020年度については国土交通省の事業採択を受け、9月にJR、上電、バス・タクシー事業者、通信事業者などと新モビリティサービス推進協議会を設立。12月21日から3月12日にかけて実証実験を行った。

　前橋市のMaaSの取り組みでまず目立つのは、独自のニックネームとキャラクターを用意したことだろう（図4）。

　ニックネームは「MaeMaaS（まえまーす）」で、前橋のMaaSという意味だけでなく、交通を軸に人生を前に回す（前進）というテーマが込められており、世代を問わず呼びやすい名前として選んだという。

　MaaSは既存の交通手段と新しいテクノロジーを組み合わせることが特徴の一つであり、それによって交通をもっと便利に、暮らしがより豊かになることを考えれば、前に回すという意味を込めたMaeMaaSは納得できるネーミングだ。

　キャラクターは「マアチット・デ・ノッケルさん」で、前橋の交通の案内猫という位置付けであり、ノッケルさんと呼ばれている。

図 4　MaeMaaS パンフレット（資料提供：前橋市）

　猫ブームなのでこのキャラクターにしたというわけではなく、前橋市出身の詩人、萩原朔太郎の詩集「青猫」にヒントを得ており、丸い眼鏡は前橋の旧藩主だった松平氏の馬印「輪貫」に由来する市章をモチーフにした。大きな目と耳で情報をキャッチし、丁寧に案内することを心がけているという。

　MaaS の定義は、第 1 章で取り上げた MaaS Alliance などが明確に示している。しかし日本では一部の事業者やメディアがこれをビジネスチャンスと捉え、モビリティだけでは儲からないので商店や住宅などまで MaaS の一部という扱いを始めたことが、MaaS をわかりにくいものにしてしまった。

前橋市でも、MaaS は移動を便利にしていく取り組みであるものの、MaaS という言葉だけではサービスの内容が連想しにくいという声があったために、周知の方法を工夫した結果、ニックネームとキャラクターの制定に結びついたという。

　MaeMaaS の文字とノッケルさんのイラストは、パンフレットだけでなく、さまざまな場所で見ることができた。とりわけ JR 前橋駅では、駅構内に設けられたウォータースクリーン、観光案内所のサイネージ、通路や階段へのポスター掲出など、ステーションジャックと呼びたくなる状況で、アピール度はかなり高いと感じた。市民からもウォータースクリーンやサイネージは目につきやすいという声があるという。

　前橋市ではニックネームとキャラクター以外にも周知活動を行っている。代表格が利用説明会の開催で、JR 前橋駅や駅南口にあるショッピングモールの「けやきウォーク前橋」や、郊外各地で実施した。

　さらに MaaS に関心を持ってもらうべく、SNS を活用した周遊ルートコンテストも実施した。ツイッターやフェイスブックの SNS のアカウントを持ち、MaeMaaS の公式アカウントをフォローした人が対象で、SNS アカウントを利用し、後述するデジタルフリーパスのエリア内で周遊できるお勧めのルートや楽しみ方、写真などを投稿してもらった。入賞者には賞品が贈られた。

　メディア展開では、前橋市の広報紙「広報まえばし」において、若者記者が実際に MaeMaaS を使った特集を組んだ他、ツイッターへの投稿、PR 動画の公開など、多様な手法で周知を図った。

JR 東日本との連携とマイナンバー活用

　同市主導ですべてのシステムを構築したわけではなく、JR 東日本の MaaS との連携で展開した点も特筆できる。具体的には、JR 東日本が 2020 年 4 〜 6 月に続いて同時期に実証実験を行った観光型 MaaS「ググっ

とぐん MaaS」との連携を図っており、世界的にもあまり例を見ない観光型 MaaS と地方型 MaaS の融合となった。

　JR 東日本は、伊豆を中心としたエリアで東急とともに 2019 年から実証実験を重ねている「Izuko（イズコ）」など、各地で観光型を中心にさまざまな MaaS を展開しており、広域で適用できるプラットフォームを持っている。

　従来は観光型 MaaS の中に地域交通のメニューを含めたりしていたこともあったが、地域住民にとっては使いやすくはなかったはずだ。観光型 MaaS でカバーしている地域の都市ごとに住民向けメニューを立ち上げるのであれば、利用者にとって差別化が図られてわかりやすいだけでなく、構築する側の負担も減るわけで、好ましい方向性である。

　市民かどうかを識別する手段としてマイナンバーカードを使用したことも、この MaaS で画期的な点だ。JR の MaaS が基本なのでまず交通系 IC カードの登録を行い、続いてマイナンバーカードを登録することで連携を行う。交通系 IC カードとの連携は全国初である。

　マイナンバーカードの多目的利用を目指して実証実験や研究活動を行ってきた市内の一般社団法人 TOPIC（ICT まちづくり共通プラットフォーム推進機構）が JR 東日本とともに、このシステムを構築した。

　前橋市では以前から、マイナンバーカードと公共交通の連携を実践していた。マイカーに頼れない移動困難者へのタクシー運賃補助制度を「マイタク（でまんど相乗りタクシー）」で活用していたのである。

　マイタクは 2016 年に始まった。当初は紙のチケットを使っていたが、毎月約 2.5 万枚におよぶ利用券の回収など膨大な事務負担がタクシー会社や市役所に発生していることを踏まえ、利用登録証および利用券をマイナンバーカードで電子化し、利用者が乗車時に車載タブレットにマイナンバーカードをかざすだけで利用可能として、運行データ作成なども自動化するシステムを構築した。

　2017 年 12 月から 3 か月にわたる実証実験を経て、2018 年 5 月から本格

図5　前橋市役所のマイナンバー特設窓口

運用が始まった。マイナンバーカードの公共交通活用は全国初だった。一連の取り組みに対して、総務省から「ICT地域活性化大賞2019」奨励賞が授与されている。

　利用者の側もマイナンバーカードによる利用が進み、前橋市では2021年4月からはマイタクの新規登録者はマイナンバーカード利用のみとしており、2022年4月からはマイナンバーカードでの利用に限定する予定としている。

　もちろん前橋市では、マイナンバーカードを取得しやすい環境作りにも努めている。筆者が実証実験中に市役所を訪れると、1階ロビーに特設の窓口を設けており、申請支援を行っていた（図5）。さらに日本郵便の協力を得て、市内の郵便局でも交付申請ができる環境を整備している。

自動運転や顔認証にも挑戦

　MaeMaaS の具体的なメニューとしては、中心市街地ではデジタルフリーパスと自動運転バス、郊外では AI 配車タクシーおよびマイナンバーカード＋交通系 IC カード使用のオンデマンド交通があった。

　デジタルフリーパスは、中心市街地の回遊性向上策として考えられたバス乗り放題チケットで、路線バス 150 円区間および 200 円区間、中心市街地を循環するコミュニティバス「マイバス」4 循環の 3 種類があり、それぞれについて 1 日券を用意する他、150 円区間と 200 円区間については 1 週間券もあった。

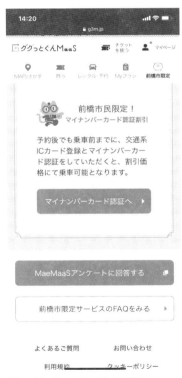

図 6　MaeMaaS のアプリ認証画面

図 7　MaeMaaS のデジタルフリーパス

図8　MaeMaaSのオンデマンド交通画面

150円区間であっても、JR前橋駅や上電中央前橋駅、県庁、市役所、けやきウォーク前橋の他、萩原朔太郎記念館や岡本太郎氏作「太陽の鐘」などがある広瀬川河畔緑地も範囲に含まれており、中心市街地の大部分は網羅していると言えるだろう。

　いずれも専用アプリでチケットを購入し、乗車時に提示する方式で、マイナンバーカードを登録した市民は150円区間と200円区間の1日券で100円の割引が受けられる。さらに優待店舗で代金や料金が割引になったり、特典のメニューを提供してもらえたりするという特典もあった（図6、7）。

　郊外部のAI配車タクシーは、富士見地区と隣接する芳賀地区について、オンデマンド交通にAIが計算したルート検索を組み込むことで、運転手の負担を軽減するものだ。ゆくゆくは他のオンデマンド交通にも取り入れていきたいとしている。

　またこのAI配車タクシーおよびオンデマンド交通るんるんバス・ふるさとバスでは、中心市街地と同じようにマイナンバーカードによる市民割引を実施。交通系ICカードとマイナンバーカードの連携登録を済ませた市民は、交通系ICカードで決済することで、運賃が半額以下になるという割引を提供していた（図8）。

　自動運転バスは、将来の運転士不足に対応した取り組みとして、前橋市では2018年度から継続的に走らせている。2020年度は2021年2月15〜28日の2週間、実証実験を行った。JR前橋駅と上電中央前橋駅を結ぶ

図9　シャトルバス路線で実証実験した自動運転バス

約 1km のシャトルバス路線を基本に、土日祝日は JR 前橋駅南口のけやき
ウォークまで手動で延長運行した（図9）。

　前橋市における自動運転バスの実証実験は、同市に拠点を置く群馬大学
の存在が大きい。2016 年に群馬大学が、研究・産学連携推進機構次世代
モビリティ社会実装センターを設立し、自動運転やスローモビリティなど
次世代移動手段の研究を本格化した。その活動の中で、地元での実証実験
について打診があったという。

　年度ごとに内容は進化しており、2019 年度は複数台運行やマイナンバー
カード、MaaS との連携を実施し、2020 年度は顔認証による乗車管理、5G
画像通信による高度な遠隔管理などを新たに取り入れた。

　顔認証の登録にはマイナンバーカードを用いるが、MaeMaaS とは異な
り前橋市民以外でも登録可能であり、筆者も顔認証で乗車した。乗車口の
脇に顔認証のタブレットがあり、マスクをずらして顔を向けると瞬時に認
証が終わった。運賃は前橋駅〜中央前橋駅間と前橋駅〜けやきウォーク前

図10　自動運転バスの顔認証端末

橋間が100円、中央前橋駅～けやきウォーク前橋間が150円だが、顔認証利用者は全区間無料となっていた。

顔認識のカメラは本人確認以外に車内に2台設置しており、こちらは乗客の年代や性別、乗降する日時や停留所などのデータを収集し、効率的な運行に役立てられるか検証する。映像はデータ処理後すぐに削除するということだった（図10）。

5G通信は、前橋市の自動運転バスが、遠隔型自動運転という方式で走行していることと関係がある。遠隔型自動運転とは、運転者が自動車から離れた場所におり、緊急時などに通信を用い遠隔地で監視や操作を行うもので、将来の無人運転移動サービスでは主流になるとされており、すでに道路交通法にも記載がある。

この方式では、車両と遠隔管理センターとの通信速度が問題になる。しかし高速大容量、低遅延、多数接続が長所となっている5Gであれば、認知や操作を瞬時に行うことが可能になり、自動運転の安全性向上に寄与すると期待されている。それをバスの自動運転でいち早く用いたことが注目である。

バスやタクシーなどの自動運転移動サービスに関しては、我が国の実証実験は多くの場合、人口や交通が少ない中山間地域で行われている。中核市の中心市街地で展開している前橋市の実証実験は、異色の存在だ。ゆえに同市では5Gなどの先進技術を積極的に取り込み、都市部特有の問題解決に努めている。社会実装を意識したこの取り組みは、各方面から評価さ

れている。

地方都市では異例なデジタル志向

　中心市街地の交通改革としてはバス以外に、2021年の4月から実証実験を開始し、7月から本格運行を始めた自転車シェアリング「cogbe（コグベ）」もある。

　こちらは自動車に依存した生活からの脱却を目指すとともに、バスよりもきめ細やかな移動環境を構築していくことで、市街地の活性化、環境に配慮した交通手段の提供、住民の健康増進も目的に掲げており、コロナ禍での新しい生活様式に対応した「新しい公共交通」の1つでもあると説明している。

　スマートフォンのアプリで登録後、車体に掲げた二次元バーコードを読み取ることで利用し、クレジットカードで決済するという手法は基本的に、他の自転車シェアと似ている。

　特筆すべきは利用料金の安さで、1時間以内なら15分ごとに25円（1時間以上は15分ごとに50円）としており、30分の料金で比べれば多くの自転車シェアの3分の1にすぎない。夜22時30分以降に借りて帰宅し、翌朝7時までに返却するナイター利用、法人向けの月額会員もある。

　またJR前橋駅のみ、現金や交通系ICカードでの決済も可能として、来訪者など幅広い人に使えるようにした配慮もある。

　前橋市ではこのcogbeも将来的にはMaaSにつなげたいという。たしかにオフィシャルサイトにはMaaSのキャラクターであるノッケルさんが起用されており、将来的に統合を目指していることが伝わってくる。

　公共交通やMaaSはそれ自体が目的ではなく、まちづくりの手段の1つである。前橋市もその点は認識しており、中心市街地においてアーバンデザインを策定し、官民連携でさまざまな事業を進めている。

　その一例がJR前橋駅北口に2020年12月にオープンした複合商業施

図11　アクエル前橋

設「アクエル（AQERU）前橋」で、かつてスーパーマーケットが入っていたビルをリニューアルしたものだ（図11）。これに続いて前橋駅北口には、住宅や店舗、子育て支援施設などが入る予定の地上27階建て高層ビルが2023年に完成予定となっている。

　ソフト面においても、コロナ禍でイベントが自粛される前は、まえきフェス、けやき並木ストリートフェス、まえきクリスマスコンサートなど、賑わい創出のための仕掛けをいくつも打ち出していた。

　マイカーの普及により一時は衰退しつつあった中心市街地のテコ入れをしているからこそ、郊外からのアクセスや中心部での回遊性が重視される。前述した前橋市地域公共交通計画が意味のあるプロジェクトであるという思いが強くなる。

　一連の取り組みで目立つのは、日本の多くの自治体がスマートフォンやパソコンを得意としない住民に配慮して先進技術の導入を足踏みしがちな中、積極的にデジタル化を進めていることである。

デジタルを積極的に取り込むという姿勢は、交通分野に限った話ではなく、国の「スーパーシティ」構想への対応にも表れている。

　スーパーシティ構想は、医療や交通、教育、行政手続きなど、生活全般にまたがる複数の分野で、AI などを活用した最先端のサービスを導入し、便利で暮らしやすいまちを実現していくもので、2020 年に関連法案（国家戦略特区法の改正案）が施行されたことを受け、内閣府が対象区域の公募を開始。全国で 5 ヶ所程度の区域を特区に指定する方針だ。

　前橋市のコンセプトは「スーパーシティ×スローシティ」で、デジタル技術などを活用して日常生活の負担を軽減することで、暮らしにゆとりが生まれ、そのゆとりで豊かな自然や歴史文化に触れ、食や文化を楽しみ、自分らしく生き生きとした生活を送るスローシティを目指している。

　こうした姿勢に戸惑う市民もいるであろう。実際に市役所でも、とりわけ郊外部は MaaS の説明が難しいと実感したという。スマートフォンを持ってはいるものの、使いこなしているとは言えず、登録までのハードルが高いと感じる人も多いようだ。

　しかしコロナ禍での政府の各種対応にも表れているように、日本のデジタル化の遅れは深刻と言えるレベルにある。モビリティにおけるデジタル化の利点は移動者のデータが取れることであり、それが最適な交通環境づくりに役立つ。もちろん前橋市でも、個人情報保護には配慮したうえで、MaaS やマイナンバー、顔認識で得られた各種データを収集し、効率的な交通体系構築に役立てられるか検証している。

　Mae MaaS は 2021 年 3 月までの実証実験だったが、前橋市では実験の繰り返しは意味がないとも話していた。たしかに今後、自動運転バスの実装や自転車シェアとの連携、そして MaaS の本格サービス開始など、やるべきことはいくつかある。

　しかし MaaS とマイナンバーカードや顔認証を組み合わせるなど、新たな可能性に挑戦し続けるこの自治体であれば、理想の実現は遠くない将来に訪れるのではないかと考えている。

都市経営のためのコンパクトシティ

　北陸地方は我が国の中では、公共交通改革が盛んな地域である。その中でも筆頭格に挙げられるのが、富山県の県庁所在地である富山市だろう。

　同市では 2002 年、森雅志氏が市長に就任するとすぐに「公共交通を軸としたコンパクトなまちづくり」を打ち出した。公共交通の活性化、公共交通沿線地区への居住推進、そして中心市街地の活性化という 3 本柱を掲げて取り組んできた。

　富山県は持ち家率、1 住宅あたりの延べ面積がいずれも全国一で、道路整備率も 1 位となっており、1 世帯あたりの自家用乗用車保有台数は福井県に次いで 2 位である。郊外の家に家族が一緒に住み、複数の自動車を保有して、移動はもっぱらマイカーを使うというライフスタイルが想像される。

　このような発展が続くと、居住地が拡散し、中心市街地が空洞化する、いわゆるドーナツ化現象が起こる。都市全体の活力低下や魅力喪失が起こ

るだけでなく、資産価値も低下する。

　現実に富山市は、県庁所在地でいちばん人口密度が低くなり、中心市街地の地価は、1996年からの10年間で4分の1にまで下落していた。公共交通の利用者は年々減少し、減便などが行われつつあった。

　こうなると自動車を運転できない人にとっては生活しにくい街になる。地方都市では多くの人がマイカーで移動していると思い込んでいる人もいるだろう。しかし同市が2006年に調査した結果によれば、運転免許がない、自由に使える車両を持たないなどの理由で、自動車を自由に使えない人の割合は実に約3割に達している。

　さらに富山市が危惧しているのは、住民サービスのコスト増大だ。一例を挙げれば除雪がある。富山市は冬季の降雪量が多い都市として知られているが、都市の拡散化が進めば、人口は減っているのに除雪の距離はさほど変わらないという現象が起きる。これが財政に悪影響を与えるのは容易に想像できるだろう。

　しかも2005年、富山市は国の主導による「平成の大合併」の際に、周辺の6町村と合併し、新・富山市として再出発している。この結果、1241.74km²の面積は富山県の約3割を占め、2021年6月末現在で41万2511人の人口は、県全体の約4割にも達する。

　この広大な市域で拡散化がさらに進行すれば、財政危機を招く危険性がある。しかも人口については今後、減少局面に転じ、当然ながら高齢化も進行していくことが予想される。

　そのなかで富山市が活力をどう維持し、創造していくか。企業誘致や産業育成で雇用を作ることも対策の一つであり、観光や多くの人に住んでもらうシティプロモーションも重要になる。市内に約80ヶ所ある地区センターを維持していくことも欠かせない。こうした課題解決のためにコンパクトシティを選択したという経緯からは、いかにして地方都市を経営していくかというビジョンが感じられる。

　しかしながら同市のコンパクトシティは、一極集中は目指していない。

図1　LRT化された富山港線

図2　自転車シェアリング「アヴィレ」

合併前の地域拠点などを尊重し、中心市街地とこれらの拠点を質の高い公共交通で結ぶもので、「お団子と串のまちづくり」という名称で市民への周知を促した。言うまでもなくお団子は地域拠点、串は公共交通を示している。

その串の1本として2006年、日本初の本格的LRTとして運行を始めたのが、富山ライトレール（現富山地方鉄道）富山港線だった（図1）。富山港線のLRT化決断は、森市長就任翌年の2003年。次の年にかけて検討委員会での議論の結果LRT化が決まり、第3セクターの富山ライトレールが設立された後、2006年には開業するという、ハイペースなプロジェクトだった。

LRT転換前は西日本旅客鉄道（JR西日本）が運行していた富山港線は、自動車の普及に加え沿線の大学や工場の郊外移転もあり、1990年代以降は利用者が減少していた。そんな中で2001年に北陸新幹線の建設が決まり、富山駅周辺は立体交差化されることになった。このとき存続・廃止と並ぶ第3の選択肢として浮上したのがLRT化だった。

LRT化を選択した理由の一つに、それ以前から駅南側を走っていた富山地方鉄道（地鉄）の富山軌道線（通称市内電車）との接続があった。こちらは2020年3月に実現している。また同市では、中心市街地の活性化のために、一度廃止された市内電車環状線の復活にも着手。富山都心線として2009年に開通した。中心市街地では、短距離の移動を支える自転車シェアリング「アヴィレ」も導入した（図2）。

この他にも、JR西日本高山本線では、交通事業者と連携し、富山市内区間について増発の社会実験を行うとともに、婦中鵜坂という新駅を市の負担で臨時駅として開業し、その後常設駅に昇格。実験後は、活性化事業として増発を継続している。また富山地方鉄道本線などでも、交通事業者が実施する新駅整備に対する支援を行っている。そして2020年には、富山駅北側を走る富山港線と南側の市内電車が富山駅高架下で接続し、直通運転を始めた。同時に富山港線の運行は地鉄に移管された。

第1章で紹介したように、富山県は第二次世界大戦中、陸上交通事業調整法が導入され、民間事業者は鉄道・バスともに地鉄に統合された。

　そのため現在富山市内の鉄道は、JR北陸新幹線および高山本線、北陸新幹線開業時に旧北陸本線を転換した第3セクターあいの風とやま鉄道以外は、すべて地鉄の運営になっている。バスについても、自治体や地域が主体となって運行するコミュニティバスを除けば地鉄が運営を続けており、改革はしやすい状況と言える。

　しかし地方の交通事業者はJRに比べれば財政基盤が限られており、大胆な改革を次々に進めることは難しい。そこで富山市では、線路や施設は市が保有し、運行のみ鉄道事業者が担当するという上下分離方式の導入を進めている。

　現在、富山港線と市内電車環状線および南北接続の新設区間がこれに該当しており、高山本線や富山地方鉄道本線の新駅もこれに近い形態だ。さらに北陸新幹線開業によって北陸本線から転換した第3セクターのあいの風とやま鉄道は、県や沿線自治体が出資しており、富山市もその中に含まれている。

　鉄道事業者にとって負担となるインフラ整備を市が肩代わりすることで、公共交通を軸としたコンパクトなまちづくりが推進しやすくなる。第1章で紹介した、税金や補助金を投入した欧米流の都市交通運営を、所有と走行に分けたものと言うことができる。

　こうした改革は実を結びつつある。環状線沿線にはイベント広場の「グランドプラザ」、ガラス美術館と市立中央図書館が入る「TOYAMAキラリ」などが建設され（図3）、高層マンションも目立つようになった。ここでは建設会社と移住を望む住民の双方に補助金を用意している。郊外路線でも、例えばLRT化により利便性が増した富山港線沿線には、新たな住宅や商店が生まれている。

　その結果、30年間にわたり減少の一途だった中心部の人口は増加に転じている。つまりコンパクトシティは一定の効果を出しつつある。

図3　TOYAMA キラリ

アナログ MaaS の代表「おでかけ定期券」

　ここまで富山市のまちづくりは、LRT などのハードウェア中心だった。しかしハードの整備が、2020 年の路面電車南北接続で一段落したこともあり、ここ数年はソフト事業に注力している。2021 年 4 月まで市長を務めた森氏も、フィジカルのコンパクト化とサイバーのスマート化という言葉を多用するようになっていた。

　ここから先は富山市のまちづくりにおいて、こうした分野を担当する活力都市創造部活力都市推進課、交通政策課ならびに中心市街地活性化推進課、および商工労働部観光政策課からの説明をもとに、ソフト面の事業を紹介していく。まずはおでかけ定期券について説明する。

　富山市では地方都市ではいち早く、2006 年の富山ライトレール開業時に IC カード乗車券「パスカ」を登場させており、4 年後にはパスカと相

互利用可能な地鉄「えこまいか」が市内電車に導入。現在は同じ地鉄のバスや鉄道、さらに自転車シェアリングでも、双方のカードが使えるようになっている。

　特徴は割引率の高さで、通常大人210円の運賃が180円（小児は110円が90円）になる。さらに同じ日にICカードで市内電車に3回乗ると、4回目以降の運賃が原則無料となる「オート1day」というサービスも展開している。

　加えて地鉄協賛の商店や飲食店、ホテル、美術館などでいずれかのICカードを提示すると、お得な特典やサービスが受けられるという特典もある。MaaSに近い機能をすでに提供していたわけで、いまでは地域住民の多くがどちらかのカードを使っている。

　おでかけ定期券はこれとは別に、コンパクトシティ政策の3本柱のうち、公共交通活性化と中心市街地活性化を推進するサービスとして編み出された。高齢者を街中に呼び込もうという発想から生まれたもので、富山ライトレール開業前の2004年度から発行している（図4）。

　市内に住む満65歳以上の高齢者が対象で、年間1000円のこの定期券を持っていると、市内電車および富山市内郊外と中心市街地の間のバス運賃、郊外と電鉄富山駅あるいは南富山駅の間の電車運賃が100円になるというものだ。

　さらにおでかけ定期券を提示すると、中心市街地にある協賛店約70店で粗品の進呈や商品の割引が受けられたり、市の体育施設や文化施設約30施設を半額または無料で利用できたりという特典もある。

　2004年度と言えば、MaaSを生んだ国フィンランドでMaaSの概念が公に発表された年の10年前のことであり、スマートフォンすら登場する前のことになる。その時点で複数の交通で割引が受けられ、沿線の商店や施設との連携も果たし、定額制を導入したこの事例は先進的であり、アナログMaaSと呼べるものだ。

　前述のように、おでかけ定期券で割引が受けられる公共交通は、多くが

65歳以上 の方は 楽しい！ お得！ 元気！
おでかけ定期券で中心市街地へ でかけてみませんか

● 昭和32年4月1日以前にお生まれの方が対象です。

「おでかけ定期券」は、市内在住の65歳以上の方が市内各地から中心市街地へおでかけになる際に、公共交通機関を1乗車100円で利用できる定期券です。「おでかけ定期券」を利用して中心市街地にでかけることによって、自然と歩数が増加し、健康増進につながることが期待されます。
また、「おでかけ定期券」を提示することで、中心市街地にある約70の協賛店で商品の割引、約30の市の体育施設や文化施設で利用料が半額（一部無料）など、様々な優待サービスをご用意しています。詳しくは別添のチラシをご覧ください。

1 利用できる交通機関がイロイロ！

おでかけ定期券は、地鉄路線バス、地鉄電車、市内電車・富山港線・環状線、フィーダーバス、まいどはやバスで利用できます。

利用できる公共交通機関と利用時間帯について

おでかけ定期券利用時の運賃

公共交通機関	9時以前 (降りる時間)	9時～17時 (降りる時間)	17時以降 (降りる時間)
地鉄路線バス 	通常運賃の10%割引	**おでかけバス** ①市内各バス停⇔中心市街地の指定バス停(18停留所) ②市内各バス停⇔市民病院のバス停(3停留所) **100円**	通常運賃の10%割引
地鉄電車 	通常運賃の10%割引	**おでかけ電車** ①市内各駅⇔電鉄富山駅 ②市内各駅⇔南富山駅 **100円**	通常運賃の10%割引
市内電車・富山港線・環状線 	180円	**おでかけ市内電車** **100円**	180円
フィーダーバス 	180円	100円	180円
まいどはやバス 	－	100円	180円

※割引区間以外での地鉄路線バス、地鉄電車の利用はICカード運賃（通常運賃の10%割引）になります。
※100円で乗車できるのはおでかけ定期券に事前に入金したうえでの精算のみです。現金や共通回数券では100円で乗車することができません。

令和3年3月発行

1

図4　おでかけ定期券パンフレット（資料提供：富山市）

地鉄の運営であり、地鉄の協力が不可欠なサービスである。

　おでかけ定期券が有効な9～17時は、地鉄にとってはもともと利用者の少ない時間帯であったが、この制度によって、「まちなかの賑わい創出」と「公共交通の利用促進」、双方にメリットがあることを地鉄に呼びかけた結果、実現に至ったという。

　100円という運賃設定は、地鉄バスの平均運賃は300円だったことから、富山市と地鉄と利用者で100円ずつを負担するという考え方で決まったという。

　その分、地鉄には委託料を支払っている。鉄道とバスは固定金額にしており、年間約8400万円を支払っている。市内電車は差額を実績で補填しており、総額で1億1400万円ぐらい支払っているとのことだった。

　2020年はコロナ禍で利用者が大きく落ち込み、市にとっては負担になったが、これからも利用者が増えていくと考えており、南北接続で路線の整備が一段落したこともあり、市内電車も差額補填を固定化したいとしている。

　ちなみに利用者数は、2020年度現在で高齢者の22％となっているが、市ではもっと増やしたいと思っており、地区センターにポスターを貼ったりして誘致に努めている。

　多くの地方都市と同じように、富山市でも高齢ドライバーは多く、事故が懸念される。そこで市では、運転免許を返納した人には、おでかけ定期の最初の年の負担金を免除している。この政策も利用者数増加に結び付いているのではないかとのことだった。

　利用者数以外のデータで興味深いのが、健康との関係だ。富山市では2016年から18年にかけて、高齢者644人について、おでかけ定期券を持っている人といない人に分けて、年間医療費の平均値を算出した。それによれば、定期券を持っていた人は、約8万円、医療費が安かったという結果が出た。

　2020年度は約2.3万人の利用者がいるので、単純計算すれば年間約18億円の削減効果がある。利用者はもちろん、市の負担も減るので、財政改

善にも寄与することになる。

　さらに同市では介護視点からも、おでかけ定期券の効果を検証した。2011年から8年間に、介護支援の症状が悪化した人はどの程度いるか、おでかけ定期券の所有の有無で比べた。

　それによれば、定期券を持っていた人で介護支援の状態を維持した人が7割ぐらいだったのに対して、持っていなかった人で維持したのは44.6%、継続利用していない人に関していうと半数以上が悪化したという。

　公共交通を使った移動は、マイカー移動に比べて、歩行距離が伸びる。おでかけ定期券のこの2つのデータは、歩くことが社会保障費圧縮につながっているという結果が出ていることを示している。

　なおこれとは別に、地鉄では63歳以上の人が対象の「いきいきパス」「ゴールドパス」を独自に販売している。

　いずれも所定の定期運賃を払えば、鉄道、市内電車、高速バスやコミュニティバスなどを除くバス全線が乗り放題となる。前者は運転免許証を自主返納した人が対象で、さらに割安になる。一方後者は、夫婦揃って購入すると割安になる「夫婦 de ゴールド」も用意される。

　これらは交通事業者が独自に提供しているサービスであるが、定額制運賃（サブスクリプション）や MaaS の将来の導入の可能性を検討するため、交通事業者と富山大学、市が連携し、富山市民向けに低価格で販売する社会実験を2021年度に開始する予定であるという。

　おでかけ定期券との使い分けについて同市では、シチュエーションに合わせて選んでいると把握しており、選択肢が増えることは好ましく、トータルで活性化すれば良いと、大局的な視点で臨んでいることが印象的だった。

「歩くライフスタイル戦略」を策定

　前述したように、富山市は公共交通を軸としたコンパクトなまちづくりを推進している。公共交通を活性化し、沿線に商業施設や文化施設を集め、

人口を誘導していくという取り組みだ。

　マイカーの代わりの移動手段としては、公共交通が位置付けられている。しかし公共交通はマイカーのようなドア to ドアの実現は難しい。徒歩と公共交通を組み合わせての移動になる。

　これをデメリットと考える人もいるだろう。しかし見方を変えれば、マイカーは購入のみならず維持についても相応の出費を要するものであり、自動車で言えば燃料代程度の出費で済む公共交通は、お財布に優しいというメリットがある。

　さらにおでかけ定期券の項で統計結果を紹介したように、公共交通を使った移動は健康維持にも効果がある。もちろん地球環境という観点でも、徒歩と公共交通を組み合わせた移動のほうが負担は少ない。

　こうしたことから、富山市はコンパクトシティ政策推進において、マイカー移動から公共交通や徒歩による移動への転換を市民に促していくという考えを一歩進め、2018 年度に「富山市歩くライフスタイル戦略」を策定した。

　富山市の調査によれば、同市でも人口減少や高齢化は進行しているものの、中心市街地や公共交通沿線地区の人口は増加している（図5）。自動車運転免許を自主返納する高齢者が増える一方、公共交通を日常的に利用する人は少ない中で、近年は鉄道や市内電車では増加、路線バスでは減少から横ばいへと転換している。

　同市のコンパクトシティ政策が実を結びつつあることを示したデータであるが、一方で市民の移動はマイカーに頼る割合が圧倒的に高く、マイカーによる生活行動が定着していることを指摘。公共交通を利用できる地域に居住していても、多くの市民が交通手段としてマイカーを選択する傾向にあるという。

　さらに高齢化にともない、国民健康保険加入者の 1 人当たり医療費は増加傾向であり、民生費における老人福祉費の比率も大きくなっている。高齢者の要介護・要支援認定者数は増加しており、高齢者の自立期間は国や

■中心市街地（都心地区）及び公共交通沿線居住推進地区の人口動態

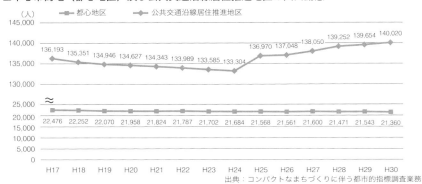

出典：コンパクトなまちづくりに伴う都市的指標調査業務

■中心市街地（都心地区）の社会増減の推移

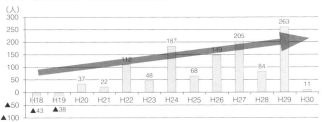

出典：コンパクトなまちづくりに伴う都市的指標調査業務

■公共交通沿線居住推進地区の社会増減の推移

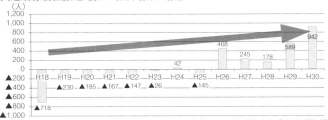

出典：コンパクトなまちづくりに伴う都市的指標調査業務

図5　中心市街地人口動向（資料提供：富山市）

　県の平均より短くなっているという調査結果も出ている。

　以前から保健所や市の市民生活部などでは、「健康のために歩きましょ
う」という呼びかけを行ってはいた。これをまちづくりの分野でも推奨し
ていこうとしたのである。歩くことは健康にいいだけでなく、まちに賑わ
いが生まれ、公共交通の利用が増え、小売店の売り上げにも貢献できる。

都市全体にとって好ましい効果があることから、プロジェクトを進めていった。

　歩いて暮らす生活についての計画や戦略を作るという実例は、健康面やスポーツ面では他の自治体にも存在しているかもしれないが、まちづくりを含めた総合的な内容としているのは珍しい。

　富山市では森前市長就任直後、財政チェックを行うとともに、まちづくりの課題解決のために若手を中心とした組織横断的なグループを作ったという。それがおでかけ定期券に代表される、一連の政策に結実しているのではないかという指摘もある。

歩いて暮らす生活を楽しむアプリ

　富山市が策定した歩くライフスタイル戦略の資料は90ページ以上に及んでおり、ここで全内容を解説するのは不可能である。富山市のウェブサイトからダウンロード可能なので、興味のある方は見ていただきたい。

　その中で市の担当者が挙げたのは、まち・意識・きっかけの3つの視点を基にした、以下の3つの基本方針だった。

　　1：コンパクトなまちづくりと連動した歩行快適性の向上

　　2：歩く効果の発信と歩く意識の醸成

　　3：歩くライフスタイルにつながるきっかけづくり

　具体的な目標として、1では中心商業地区や富山駅周辺地区の歩行者通行量、公共交通利用率、公共交通が便利な地域の人口割合の向上、2では意識的に身体を動かしている人の割合や元気な高齢者の割合の向上が、数値とともに記してある。

　そして3では、歩くポイントアプリのダウンロード数が明記されている。市では、歩くライフスタイルを推進するためのキャッチコピーとして「とほ活」を掲げた。富山で歩く生活という意味が、名称には込められている。そしてこれを具現化したのが、2019年11月に登場したスマートフォンア

図6　とほ活パンフレット（資料提供：富山市）

とほ活
富 歩 活
ってなんだろう？

ひとは歩くことで、元気に暮らすことはもちろん、
季節の移ろいやまちの匂い、人との出会い、ゆっくりと流れる
時間など、心の豊かさを感じることができます。
また、歩く人がまちに溢れることで、まちも元気になります。

「とほ活」は、富山で歩く生活をすること。
そして、みなさんの歩きたくなる生活を
少しだけ後押しすることで、
たくさんの "富" をもたらしてくれる言葉です。

どうして歩くことが大切なの？

みなさんの平均寿命は年々延びています。一方で健康
寿命と平均寿命の差（日常生活に制限のある期間）は、
男性で約9年、女性で約12年あります。みなさんがい
つまでも健康で暮らすためには、車に過度に依存した生
活を見直すことも大切です。

ひとがまちを歩かなくなると、まちに賑わいがなくな
り、生活に必要な公共交通や身近な商店もなくなってい
きます。また、人との「出会い」や「ふれあい」の機会
が減り、まちや地域全体の活力も低下していきます。

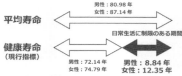

平均寿命　　男性：80.98年　女性：87.14年

健康寿命（現行指標）　男性：72.14年　女性：74.79年

日常生活に制限のある期間　男性：8.84年　女性：12.35年

＜健康寿命のあり方に関する有識者研究会報告書より抜粋（厚生労働省）＞

みなさんの歩く生活がもたらす様々な「富」

健康
歩くことで、心も身体
も元気になります。
無理なく歩くだけで、
1歩あたり、0.072円（※）
の医療費削減効果がある
と言われてます。

出会い
歩く機会が増えると、
出会う人も増えます。
たくさんの人とコミュ
ニケーションをとること
で、毎日が楽しく充実し
たものになります。

まち
歩く人が増えると、ま
ちが賑わいます。
賑わっているまちに家
族や友達と出かけると、
ただ歩くだけでも楽しい
気分になります。

公共交通
公共交通を使い、歩く
ことで、いつもとは違う
体験や景色を楽しむこと
ができます。
外出先でお酒を楽しむ
こともできます。

※まちづくりにおける健康増進効果を把握するための歩行量（歩数）調査のガイドライン（国土交通省）

毎日の「とほ活」のそばに　〜「とほ活」アプリ〜

歩いて！乗って！参加して！
ポイントで賞品ゲット！

抽選賞品の一例

◆リバーリトリート雅楽倶ペア宿泊券
10万円相当

＜その他の賞品＞
・Apple Watch
・えごま詰合せセット
・大和商品券

※賞品抽選は年2回あります。賞品は抽選ごとに変更となる場合があります。

アプリのダウンロードや詳しい情報は
「とほ活」ウェブサイトから☞

ポイント 機能
歩数、公共交通、イベント参加で
取得したポイントが分かる！

歩数 機能
毎日の歩数や目標への到達度、距
離、消費カロリーが確認できます。

公共交通 機能
通勤・通学やおでかけに公共交通
を利用して、ポイントをゲット！

イベント 機能
様々なイベント情報を見て、参加
して、ポイントをゲットしよう！

図7　とほ活の説明（資料提供：富山市）

プリ「とほ活」である（図6、7）。

とほ活で特筆できるのは、富山市のモビリティやまちづくり関連の政策では初めて、スマートフォンのアプリを開発したことだ。スマートフォンに備わっている歩数計測機能を活用したもので、同様の分野のアプリ開発経験を持っていた会社をプロポーザルにより選定したうえで、独自のメニューを加えた内容になっている。

グリーンとオレンジの2トーンカラーは、2015年の国連サミットで採択されたSDGs（持続可能な開発目標）で掲げられた17分野のうち、「3.すべての人に健康と福祉を」「11.住み続けられるまちづくりを」のカラーを採用している。

SDGsについて我が国では内閣府が、達成に向けて優れた取り組みを提案する地方自治体を「SDGs未来都市」として29都市、その中でも特に優れた取り組みを行っている自治体を「自治体SDGsモデル事業」として10事業を選定している。以前からコンパクトシティなどでこの分野に積極的だった富山市は2018年、両方に選定された。

これを受けて同市では同年「富山市SDGs未来都市計画」を策定。2020年度末に計画期間の満了を迎えると、2021年3月に「第2次富山市SDGs未来都市計画」を策定した。独自のロゴマークも作成しており、SDGsの目標に使われている17色を使用して、富山市の地形をビジュアル化している。

アプリの概要は、スマートフォンを持って歩くと歩数が計測され、1000歩につき8ポイントが貯まるというもので、ポイントを使って応募すると、年2回の抽選で賞品が当たる（図8）。1等は富山市の人気のホテルのペア宿泊券で、1万2000ポイント貯まれば応募できる。

歩くライフスタイルには公共交通が必須となる。とほ活はもちろん、こちらにも対応している。さらにイベントに参加すると100ポイント貯まる。公共交通は車内や駅に設置したビーコンがスマートフォンを感知、イベントは会場に用意されたQRコードをスキャンする方式だ。

図8　とほ活のアプリ画面

公共交通利用によるポイントは、原則として1日1回5ポイントで、2回以上乗っても加算はされない。ただし週ごとに1回乗るだけで、50ポイントのボーナスポイントも加算される。公共交通を利用してみようというきっかけづくりだけでなく、毎日公共交通を使っていれば、自然と多くのポイントが貯まっていく仕組みになっている。

コレクションラリーというメニューもある。期間限定で開催する、特定のテーマに沿った施設や店舗を巡り、QRコードなどを読み取ることで、スポット等の写真がアプリ内にコレクションされるとともに、施設等の情報やホームページのリンク先から最新の情報を閲覧できる機能だ。

これまでに動物園の動物を見て回ってポイントを集めるファミリーパークラリー、市内の橋を巡るブリッジラリーなどがあり、現在も次々に新しいメニューを開発しているそうだ。アプリにはアンケート機能もあり、結果をもとに次の企画を考えているとのことだった。

アプリに表示される現在のユーザー数は、2021年7月時点では9681人だった。42万人という人口からすれば約2.3％に過ぎないが、当初目標に掲げた4000人はすぐに達成してしまったので、今は1万人をターゲットとしており、順調に増えているという。

広報活動も積極的に行っている。2020年3月の路面電車の南北接続が実現した日には、富山駅に特設ブースを設けたところ、多くの人が登録し

たという。また同年10月、とほ活を紹介するテレビ番組の放映や歩くライフスタイルを推進するイベントを開催したときは、一気に500～600人もユーザー数が増えた。

興味深いのはユーザーの年齢層で、40、50、30歳代の順で多い。健康寿命が切実な問題になる高齢者が少ないのは、スマートフォンのアプリであるからだろう。ただし、先に述べた戦略においては、こうした働く世代は健康への意識が高いものの、日常的に歩く生活を送っていない世代でもあり、歩くライフスタイルへの転換を働きかけるターゲット層としている。この年齢層では医療費はあまり関係ない話であり、おでかけ定期券のような医療費との関係はまだ算出していないという。

こうした高齢者予備軍の世代が多く登録しているのは、健康志向が強いこと、賞品が魅力的であることなどが理由であると富山市では考えている。この世代は多くの人がマイカーを持っているはずだが、にもかかわらず歩くライフスタイルが浸透しているのは、公共交通を軸としたコンパクトなまちづくりを理解している市民が増えている証拠でもあると考える。

自治体初の顔認証社会実験

とほ活に続き、2020年10月から実証実験を開始したのが、顔認証である。こちらはコンパクトシティとともに、富山市が近年推進しているスマートシティの取り組みの一環として導入した。

富山市では2018年、情報通信技術（ICT）を活用して都市機能やサービスを効率化・高度化するスマートシティの実現に向けて、「富山市センサーネットワーク」を構築した。リアルタイムに変動するさまざまな情報を、市内全域のセンサーからネットワーク網を経由してクラウド上へ集約し、複合的に分析・活用することで、新たなサービスの提供や行政事務の効率化、新産業の育成などを目的とするものだ。

この時点でセンサーネットワークは市内の居住地の98.9％に配備してお

図 9　顔認証の利用が可能だった富山県美術館

図 10　富山駅のおもてなしサイネージ

り、農業への活用、児童の見守りなど、多方面への活用が期待されている。

　センサーネットワークを構築した日本電気（NEC）が和歌山県南紀白浜地域で2019年から始めている、顔認証を活用した「IoTおもてなしサービス実証」を当時の森市長が視察したことから、社会実験が実現した。南紀白浜では空港運営事業者などの協力による実証であり、自治体による顔認証導入は日本初の事例だった。

　社会実験では、中心市街地20ヶ所、富山湾沿いの岩瀬地区10ヶ所の合計30ヶ所の美術館、商店、飲食店などで、顔認証による決済ができた（図9）。富山駅にはおもてなしサイネージを設置しており（図10）、モビリティ分野では遊覧船のチケット購入が可能だった。

　筆者も2021年3月に富山市を訪れた際、顔認証を試した。スマートフォンでメールアカウント、顔情報、クレジットカードの情報を順次登録したあと、中心市街地の商店で買い物を行った。

　NECの顔認証はデータベースをクラウドに置くタイプで、少ない出資で導入可能というメリットがある一方、データの照合に通信を用いるので認証完了まで時間を要するとのことだったが、実際はQRコードの認証と同程度であり、決済はスムーズに完了した。

　富山市の顔認証社会実験は、自治体主導とはいえ観光需要を見込んだものであり、計画段階で新型コロナウイルスの感染が拡大したので、当初期待したような誘客効果は得られなかったとのことだが、取材を受ける機会は多かったとのことで、顔認証が関心の高い分野であることを認識したという。

　気になる市民の反応は、顔やクレジットカードの登録に抵抗を感じる人や、3段階の登録手順を面倒と感じ、途中で諦めてしまった人がいたとのことだった。筆者はスマートフォンを使用する限り、ある程度の情報が流出することは覚悟しているし、手順が面倒なのはセキュリティに配慮している証拠と捉えているが、このあたりはまだまだ個人差が生じているようだ。

　しかしながら、2019年の消費税引き上げに伴うキャッシュレス決済推

進の流れに加えて、コロナ禍による接触回避への期待に応えられるサービスであることから、富山市では 2021 年度も社会実験などを通じて、周知に努めていきたいとしていた。

富山市ではもう一つ、新しいモビリティサービスがある。トヨタファイナンシャルサービスが運営提供するスマートフォンアプリ「my route」が 2021 年 3 月から導入されたのだ。

この事業は、県内のトヨタ系販売会社と地鉄が中心となって立ち上げた富山 my route 推進協議会が行っているもので、2021 年 7 月現在のサービス内容は、ルート検索の他、鉄道・路面電車・バスの 1 日フリーきっぷ販売、観光情報やグルメクーポンの提供などとなっている。

富山市は富山県ともどもオブザーバー会員となっており、協議会へのアドバイスを行うなどの役割を受け持っている。

つまり富山市では、ここで紹介しただけでも、観光を含めた移動の分野で、社会実験段階にある顔認証を含めて 4 つのプロジェクトが動いたことになる。MaaS の概念は多様な交通の統合であり、とほ活とおでかけ定期券は統合しないのだろうかなど、今後の動向が気になってくる。

いずれもコンパクトシティやスマートシティといったこの都市のビジョンに合致したものであり、富山版 MaaS として統合したうえで、ライフスタイルに合ったメニューを選べるような状況になれば、世界レベルで見ても好ましいモビリティサービスになると思っている。

前述のように、旧富山市で 1 期、現市で 4 期を務めた森市長は勇退し、今後は 2021 年 4 月の市長選挙で森市政の継承を訴えて初当選した藤井裕久氏が舵取りを行うことになった。新市長がモビリティサービスの統合やデジタル化にどのような手腕を見せるか、興味を持って見守りたい。

第4章
市民も自主的に参加する交通改革
山口市

マイカーの長所と短所を明示

　本州の最西端に位置する山口県は、本章で紹介する県庁所在地の山口市以外にも、九州と隣り合う下関市、広島県に隣接する岩国市、工場が立ち並ぶ宇部市、城下町として栄えた萩市など、個性的な都市をいくつも擁していることが特徴の一つである。

　山口市が県庁所在地に選ばれたのは、江戸時代に毛利氏がこの地を長州藩として治めていたことと関係がある。幕末には薩摩藩とともに倒幕運動を展開したことで知られる長州藩庁は当初、萩に置かれたが、幕末になると情勢の変化に対応するために山口に移された。その後大政奉還、明治維新と進む中で、藩庁がそのまま県庁になった。

　多くの地方都市同様、山口県も平成時代に合併を経験している。まず2005年、山口市・小郡町・阿知須町・秋穂町・徳地町の1市4町による合併を行い、続いて2010年には阿東町と合併した。この結果、面積は

1023.23km² となり、県内でもっとも広い自治体になった。

2021年7月1日現在の人口は19万3360人で、合併直前の人口は山口県内で第4位だったが、合併後は下関市に次ぐ第2位になった。

鉄道は合併直前はJR西日本山口線が走るのみだったが、小郡町との合併で山陽新幹線、山陽本線、宇部線が加わった。4つの路線が交わる小郡駅は、合併2年前に新山口駅と改称され、同時に新幹線「のぞみ」が停車するようになり、関西や九州に短時間で行けるようになった（図1）。ちなみに新山口駅から山口駅までの所要時間は特急で13分、普通列車で23分ほどとなっている。

東京へ向かう場合は新幹線の他、隣接する宇部市にある山口宇部空港も多用される。空港と新山口駅との間に連絡バスが走っている他、宇部市内のJR宇部線草江駅から徒歩というアクセスルートもある。また最後で触れているように、2021年3月から空港と山口市中心部の湯田温泉を結ぶ乗合タクシーも運行されている。

路線バスは防長交通、中国ジェイアールバス、宇部市交通局の3事業者が運行しており、市内各所を巡る他、宇部市、周南市、美祢市、萩市に向かう路線もある（図2）。前述した空港連絡バスは宇部市交通局が運行している。

山口市にも昔は市営バスが存在していたものの、合併前の1999年に廃止され、路線は防長交通に移管された。ただしその後、同市では路線バスを補完するコミュニティバスの運行を始めている。

今回は山口市役所を訪れ、都市整備部交通政策課の尾中 孝課長と三輪大介主幹に話を伺った。まず紹介されたのは、国土交通省の調査による山口市の公共交通のアクセシビリティ水準だった。鉄道については本数こそ水準以下であるものの、路線数については標準値を上回っており、バスについては本数・路線数ともに水準以上という結果が出ていた（図3）。

また山口市の2019年度の交通関連予算は7.7億円で、一般会計の0.86%となっている。日本都市センターのアンケート結果によれば、この数字は

図1　JR 新山口駅

図2　防長交通と宇部市交通局の路線バス

図3　JR山口線

法定人口20万人以上の中核市の平均値0.41％はおろか、法定人口50万人以上となる政令指定都市の平均0.68％も上回っており、交通関連の予算は十分に確保していることがわかる。

　しかし従来は、この姿勢が市民に伝わっていたとは言えなかった。2016年の公共交通に関する市民アンケートでは、市民の約7割は年に一度も路線バスなどを使っていないという結果が出た。理由としてもっとも多かったのは、自動車や自転車など自分で移動できる手段があるというもので、84.4％に上った。

　加えて総務省統計局による、2014～16年平均の都道府県庁所在地および政令指定都市の2人以上の世帯における品目別年間支出金額ランキングによると、山口市のガソリン消費量は全国一で、逆にバスの運賃支払い額は最下位であり、タクシー代の支払い額も第2章で紹介した前橋市に続いて少なかった。

　市内における鉄道の乗車人員はほぼ横ばいで推移しているとのことだ

が、バスは乗車人員が年々減少しているとのことだった。住民生活に必要なバス路線を維持するため、赤字路線に対する公的支援を行っているものの、補助額は年々増加している。タクシーも1台あたりの乗車人員は減っているという。

交通政策課では2019年の市民向け説明会で、マイカー利用について以下のようなメッセージを出し、市民に理解を求めている。

・マイカーは好きなときに、好きな場所で、好きな格好で出かけることができるが、自宅や店舗の敷地などを駐車場として確保しなければならず、運転は自分や家族の無償の労力になっている。維持費や燃料費も所有者負担であり、ひんぱんに乗る人では1日あたり2000円の出費になると言われている。

・つまりマイカーによるドアtoドアの移動は、たしかに快適ではあるが、一方で市民の労力と負担の上に成り立っている。逆に鉄道やバスなどの既存の公共交通は大量輸送が原則なので、利用者の金銭的な負担は少ない一方、駅やバス停まで歩いていかなければならないなど快適性では劣る。タクシーは両者の中間にある移動手段と見られる。

・たとえば商品であっても、便利なものは高価になり、不便なものは安くなるのが通例だ。マイカーは便利であるものの車両購入のみならず維持費にも多額の費用が掛かる、公共交通は不便な面もあるが安価で移動できるという相反する長所を持っており、費用と快適性を両立できるような移動手段の実現は難しい。

・加えて山口市は東京や大阪に比べて人口密度が低いことから、大量輸送が成立する場所が限られており、大都市のような公共交通の整備は難しい。

交通まちづくりへの住民参加を呼びかけ

この説明会では、もう一つの深刻な問題として運転士不足も取り上げている。山口県統計年鑑によれば、バスやタクシーなどが運転できる第二種

運転免許の保有者数は少しずつ減少しており、公益社団法人山口県バス協会の資料によると、バスの運転士の半分以上が50歳以上、国土交通省中国運輸局山口運輸支局の資料ではタクシー乗務員の過半数が65歳以上というデータがある。

　今後、運転士不足がさらに深刻になることは十分に予想され、高齢化も懸念されている。事実これまでも、運転士不足が原因で事業から撤退した事例がいくつかある。

　前述した山口宇部空港への連絡バスは、かつては山口駅から中心市街地に隣接した湯田温泉、新山口駅を経由して空港に至る路線があり、防長交通と中国ジェイアールバスが共同運行していたが、2018年に運行を終了した。翌年には市内タクシー事業者が走らせていた、山口市内および湯田温泉と空港を結ぶ乗合タクシーの直行便も終了となっている。

　路線バスを補完する交通手段の一つであり、後でくわしく解説するコミュニティタクシーについても、運転を担当するタクシー事業者が2つの地域から撤退しており、うち1地域はコミュニティタクシーそのものが廃止に追い込まれてしまった。

　市民の公共交通に対するニーズは、運転免許返納などもあり高まっているという。ところが利用者は年々減少する傾向にある。高齢化率が高く公共交通に対するニーズが強い地域ほど、公共交通の衰退が進んでいるという現実もある。

　しかも交通事業者の経営状況は悪化しており、彼らの努力だけでは課題克服が困難な状況になっている。市の財政状況も厳しさを増しており、このままでは公共交通を拡充するどころか、現状維持でさえ困難になりつつあるという状況にあった。

　こうした状況を受けて山口市では2005年、1市4町での合併の際に行われた市長選挙で初当選し、現在も市長を務める渡辺純忠氏が中心となって交通対策推進協議会および交通まちづくり委員会を翌年立ち上げ、2007年には市民交通計画を策定した。このうち交通まちづくり委員会には、市

民や交通事業者も議論に参加することになった。

　なお当初の市民交通計画は2017年度までが計画期間だったことから、2018年度に第2次計画に移行している。

　同市では合併後の山口市について、山口地域と小郡地域を都市核、秋穂、阿知須、徳地、阿東を地域核と定めた。このうち2つの都市核では、農地や丘陵の宅地化によって人口が拡散し、中心市街地の空洞化や非効率な都市の拡大が進行しているのに対し、地域核を含めたそれ以外の地域では少子高齢化や核家族化などにより人口が減少しており、集落の維持・活性化が課題となっている。

　そこで山口市では、市民・事業者・行政が協働して、持続的な交通を創り守ることにより、マイカーに頼りすぎない交通まちづくりを目指すという基本方針を掲げた。

　市民は交通まちづくりに主体的に参画し、地域の特性に合った交通システムを創り支えて行く仕組みを整える。事業者はノウハウや知恵を生かし、効率的で利便性の高い交通システムを整える。そして行政は積極的な情報公開と公平な機会の提供とともに、従来の発想にとらわれず柔軟な発想で、市民や事業者の取り組みをサポートするというものだった。

　つまり市民の移動手段は行政が確保するといったこれまでの考え方を見直し、みんなで創り育てるという姿勢を明記したものだった。

　加えてこの計画では、公共交通の機能分担についても触れている。都市核と都市核あるいは都市核と地域核を結ぶ基幹交通の鉄道と路線バス、地域核と生活拠点を結ぶ準基幹交通の路線バスについては交通事業者が主体となり整備するが、地域内をきめ細かくカバーし、地域拠点や基幹交通に接続するコミュニティタクシーなどについては地域が主体となり、地域に合った移動手段を整備していくとしている（図4）。

　住民参加を呼びかけた理由について交通政策課では、2009年に「山口市協働のまちづくり条例」を施行しているなど、山口市では交通分野以外でも協働の取り組みを進めていることを挙げていた。山口市のアイデン

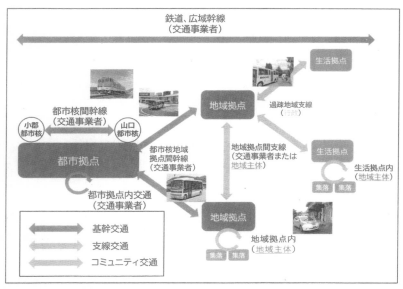

図 4　公共交通の機能分担（資料提供：山口市）

図 5　小郡地域のコミュニティタクシー「サルビア号」

ティティの一つなのである。

　ちなみに協働のまちづくり条例では、自治会を中心に地域づくりに取り組む主体を総称して「地域づくり協議会」と位置づけ、現在は市内の 21 地域すべてに地域づくり協議会が組織されており、市の税収の 1% を地域づくり交付金として支給している。これを原資に計画を策定するなど、地域経営という言葉がふさわしい展開になっている。

コミュニティタクシーとグループタクシー

　市が主体のコミュニティ交通としては、山口市は旧市域内にコミュニティバスを 2 系統走らせている他、徳地および阿東地域では合併前の町営バスを引き継ぐ形で生活バスを運行している。路線の一部では交通空白地の自家用有償旅客運送制度を活用した白ナンバー車両になっているが、運行はタクシー事業者に依頼している。

　また JR 山陽本線新山口駅の西隣になる嘉川駅からは、宇部市の小野地域に向かう朝夕定時定路線、日中オンデマンドのコミュニティバス「小野きずな号」が出ている。こちらは宇部市が運行しており、山口市では宇部市との協定に基づき、一部費用を負担しているとのことだった。

　これらバス路線を補完する形で、7 つの地域で走っているのがコミュニティタクシーであり、市民が主体となって創り上げる交通システムの代表格となる。第 1 号である小郡地域のサルビア号が走り始めたのは 2007 年と、山口市市民交通計画を策定した年であり、市民交通計画と同時並行で進めた結果、早期の導入につながったとのことだった（図5）。

　サルビア号の運営主体は小郡地域の高台にある 10 自治会、約 1100 世帯で組織された「サルビア号を育てる会」である。この地域は 1960 年代から宅地開発が進んでおり、近年は住民の高齢化が進み、近場への公共交通を求める声が上がっていた。

　協議会はタクシー会社と契約を結び、ダイヤや運行ルートを決定し、収

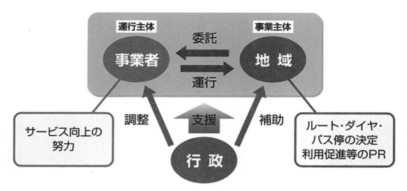

図6　地域主体によるコミュニティ交通の仕組み（資料提供：山口市）

支をとりまとめるところまで担当している。山口市は各地域に担当者を配
置し支援を行っている（図6）。

　当初タクシー事業者は反発したという。合併前の旧山口市でも同様の仕
組みを一度導入したことがあったが、その際は事前調整が行われなかった
ことから、不信感を抱く要因になった。今回は綿密な事前調整が行われたが、
やはり当初は反対意見が出された。営業に影響するという理由だった。

　しかし住民たちの熱意に加え、タクシーを公共交通と位置づけて計画の
中に組み込んだことが評価され、事業が始まった。

　住民側からも不満は出た。市の主体で運行されるコミュニティバスとの
格差が指摘されたのである。しかしバスは地域間を結び、タクシーは地域
内で完結する移動を担当するという定義のもと、地域の移動は地域主体の
タクシーで担っていくというのは現市長の公約の一つでもあり、説明を重
ねることで実現に向けて進めていった。

　本格運行にあたって同市では、3年以内に乗車率、収支率ともに30％以
上を達成することを条件としている。運賃は地域により異なり大人200～
300円となっている。サルビア号の場合、市からの補助、運賃収入だけで
は運行経費が賄えないことから、1台あたり年間1000円の協賛金を利用
者から徴収している。それでも2016年には累計10万人乗車を達成している。

サルビア号をはじめとするコミュニティタクシーもまた、2020年はコロナ禍で利用者が一気に減ったものの、市が補助金額を見直すなどして支えており、2021年5月からは8地域目として吉敷地域での実証運行を開始している。

　とはいえコミュニティタクシーであっても、ある程度の人口規模、つまり需要のある地域でなければ効率的な運行は困難である。山口市には、コミュニティタクシーでも賄えないような小さな集落が散在しており、高齢化も進んでいる。

　同市ではこうした地域の移動手段確保も必要であることから、一般タクシーを共同利用する仕組みづくりを目指し、タクシー利用券を交付する事業を実施した。これが2008年から始まったグループタクシーである。

　交付条件は、年齢65歳以上で最寄りの公共交通機関の鉄道駅やバス停留所から1km、75歳以上の方は700m以上離れている人で、後述する福祉分野などのタクシー利用券制度を受けていないこととなる。

　まず該当地域の自治会長にお願いし、制度の説明会を開催。前記の要件を満たす、原則として4人以上のグループを集落などで作ってもらい、代表者を決め、その人が申請し、タクシー利用券を受け取る形となる。買い物や通院など日常生活における移動負担の軽減を図るとともに、一般タクシーを共同利用することで地域コミュニティの活性化を図る。

　タクシー利用券は1人につき60枚が配布される。利用券は1乗車につき1人1枚利用可能で、タクシー運賃から利用券の額を差し引いた運賃を現金で負担することになる。つまり相乗りするほどお得になる。

　利用券は300・500・700円券の3種類があり、公共交通機関の鉄道駅やバス停留所から1km（75歳以上の方は700m）以上1.5km未満の人には300円券、1.5km以上4.0km未満の人には500円券、4.0km以上の人については700円券が配布されることになる。

　現在はコロナ禍で相乗りを避ける向きもあるが、公共交通の車両や駅などはコミュニケーションの場にもなり、それにより高齢者の外出機会を創

出し、健康寿命を延ばすことにもつながるわけで、グループタクシーという施策は納得できるものである。

　ただチケットを配るだけにしなかったのは、それでは公共が支援すべき公共交通としてはふさわしくないと山口市は判断しているからであり、自治体としてどこまで関わるか考えた結果だというが、幸いにしてタクシー事業者の反応も良かったとのことである。

　これ以外に健康福祉部が行う福祉施策として「おでかけサポートタクシー利用券」「福祉タクシー利用券」「福祉優待バス乗車証」というサービスもある。

　おでかけサポートタクシー利用券は要支援・要介護認定などを受けた市民の外出を支援するため、福祉タクシー利用券は障害を持つ市民の日常生活と社会活動を支援するためにタクシー料金の一部を助成するもので、申請により交付している。

　年間交付枚数は前者が40枚、後者は40あるいは80枚で、1回の乗車につき1枚300円の利用券が使え、運賃が1000円を超えるごとに1枚ずつの追加使用が可能というものだ。前述したグループタクシー利用券とこの2つの利用券のいずれか1つが受給できる形になっている。

　バスにも健康福祉部が行う施策がある。市内および市内から市外、市外から市内への路線バス利用時に使える「福祉優待バス乗車証」がそれで、70歳以上の市民が1乗車100円で利用できる「敬老福祉優待バス乗車証」と、重度の心身障害のある市民が無料で利用可能な「障がい福祉優待バス乗車証」がある。

パークアンドライドの秘策

　このように山口市の公共交通は、コミュニティバスやコミュニティタクシーを含めれば、人口20万人規模の地方都市としてはかなり充実していると言える。しかしこれだけの路線を持つと、当然ながら運転士の確保も

大変になる。

　前で紹介した説明会内容の紹介でも運転士不足に触れているが、山口市公共交通委員会が 2020 年 9 月に行った調査では、市内で現状の交通サービスを維持するためには、バス運転士が 3 社で 11 人不足、タクシー運転士が 16 社で 53 人不足という数字が出ており、このまま進行すると路線の縮小やサービスの低下などが予測される。

　そこで同委員会では運転士確保事業として、車内アナウンスや広報紙、SNS などを用いて、運転士不足の現状の周知を呼びかけるとともに、バス・タクシー運転士体験会なる取り組みも実施している。

　国土交通省中国運輸局山口運輸支局にバスとタクシーの車両を持ち込み、運転を体験する機会を設けるとともに、現役の運転士と接する機会を設けることで交通事業への理解を深めてもらい、就業へのきっかけとなることを目的としている。2019 年は 2 回開催し、実際に 1 人の採用につながったそうで、今後も続けていく予定としている。

　一方で山口市では、鉄道やバス、タクシーといった以前からある公共交通だけでは移動をカバーしきれないことも理解しており、2020 年 9 月からは実証実験という形で、自転車シェアリングを導入している（図 7）。

　不動産総合サービス企業アパマングループの 100 ％子会社である ecobike が社名と同じ名称で展開するサービスで、2021 年 4 月現在で全国 14 都市に展開している。第 2 章で紹介した前橋市の cogbe もこのサービスを使う。

　利用方法は他の自転車シェアと似ており、スマートフォンのアプリをダウンロードして登録を行った後、ポートに置いてある車両に掲示されている QR コードをスキャンするとロックが解除され、利用できる。

　2021 年 7 月現在の利用料金は 15 分 30 円で、実証実験なので安くしているとのことだった。山口地域と小郡地域の合計 16 ヶ所のポートに 50 台を配備している。市から委託を受けた山口商工会議所が運用しており、システムの管理は ecobike が担当。車両の再配置や整備などは ecobike が地

図 7　自転車シェアリング「ecobike」

図 8　山口市総合時刻表と公共交通マップ

元の自転車販売店にお願いしているという。

　地方都市は鉄道駅が繁華街から離れている場合が多い。山口市も県庁や市役所などがある山口地域はそうであり、ラストマイルの交通手段が重要になる。加えて中心市街地は坂道が少ない。筆者も山口駅と市役所の往復などに利用したが、こうした成り立ちの都市に自転車は適していると思った。他の都市の自転車シェアと比べ、車両の整備が行き届いていることも印象的だった。

　なお山口県は2016年度から、「サイクル県やまぐちProject〜やまぐち自転車旅〜」を推進しているが、こちらは県全体でサイクルスポーツの振興、自転車と観光を組み合わせたサイクルツーリズムを通じた交流人口の拡大に取り組むという観光目的のプロジェクトである。

　ここまで紹介してきたのは主としてハードウェアの整備であるが、山口市の交通まちづくりはソフト面の取り組みも豊富だ。

　情報発信としては、山口市公共交通委員会のFacebookページを用意し、市内の公共交通に関する各種情報をいち早く発信している他、2020年4月から1年間、FM山口の公共交通利用を促進する番組「やまぐちノリマチステーション」の放送を行った。後者はスマートフォンやパソコンを使わない人、マイカー移動者、仕事中の人にも伝わりやすく、ラジオを選択したのは賢明と言える。

　市内の鉄道やバスからコミュニティタクシーまですべての路線図が確認できる公共交通マップ、同様にすべての公共交通の時刻表を1冊にまとめた山口市総合時刻表も目を引く（図8）。後者は毎年4月と10月に発行しており、路線図・主要駅の乗り場・自転車シェアの他、後述するサイクルアンドライド・「置くとバス駐車場」の案内もある。

　防長交通と中国ジェイアールバスは「バスイット」、宇部市交通局は「うべバスナビ」という名称でバスロケーションシステムも提供しており、前述したマップと時刻表にはQRコードも表示している。近くにバス停があるコンビニエンスストアにデジタルサイネージを置いた例もある。これら

図9　置くとバス駐車場

については市も支援している。

　バスに乗ってもらうための取り組みとしては、サイクルアンドライドと
パークアンドライドもある。2021年7月現在で前者は19ヶ所、後者は4ヶ
所設置している。特筆すべきは後者の名称で、「置くとバス駐車場」とし
ている（図9）。市の職員が命名したもので、駐車枠が8台分であることに
もちなんでいるという。

　筆者は徳地地域にある駐車場を訪れた。防長交通の事業所の入口に緑色
の看板があり、敷地内には緑の駐車枠が用意されているので、一目でわか
る。看板には「軽トラ置いてバスでらくらくおでかけ！」という言葉もあっ
た。この地域は農業に従事している人が多く、軽トラックは仕事に必須で
あるが、同時に高齢化も進んでおり、長距離移動は心配と子供や孫から言
われるそうだ。

　その点、置くとバス駐車場があれば、軽トラックでの移動は地域内に限
定されることになるし、駐車場に車両があればバスで出かけていると確認

できるので、家族にとって安心材料になるという声も聞かれるという。

　毎月末の金曜日、プレミアムフライデーに合わせてノーマイカーデーを実施していることも紹介しておく。参加は登録制になっており、登録すると「山口市ノーマイカーデーのるトクカード」を手に入れることができる。このカードにはバス半額手形と特典サービス手形が付いており、バスの運賃が半額になるとともに、協賛している店舗や施設でお得なサービスを受けることができる。

　特典サービスを提供してもらえる店舗や施設は、山口市内だけでなく東隣の防府市にも展開している。2021 年 4 月現在で 36 拠点になっており、現在も募集を行っている。

「ぶらやま」以外もある MaaS 探求

　一連のモビリティサービスの一環として、2020 年 12 月 7 日から翌年 2 月 28 日まで行われたのが MaaS の実証実験である。事業主体は山口県および山口市で、地元の運輸局・警察署・商工会議所・公共交通事業者・観光組合などからなる新モビリティサービス実証事業推進協議会が運営した。

　名称は「ぶらやま」で、マルチモーダル経路検索、お得なデジタルチケット購入、タクシーツアー予約、自転車シェアの利用、超小型モビリティの利用、観光・食事・買物情報、検索、湯田温泉の浴場混雑状況確認と、7 つのメニューを用意するという充実したものだった（図10）。

　山口県では県内最大級の交通結節点である JR 新山口駅北側に、県内最大規模の多目的ホールなどを有する「山口市産業交流拠点施設」の整備を進めており、2021 年 4 月に供用を開始した。施設の開業により県内への来訪者の増加が見込まれることから、来訪者の回遊性向上による観光振興や交流人口の拡大に向け、新たな付加価値創出型ビジネスモデルの構築に取り組んでいる。

　MaaS はその一環であり、多くの人にさまざまな交通サービスを活用し

図 10：ぶらやまのメニュー（資料提供：山口市）

て観光地や宿泊施設を訪れてもらい、地域振興や経済の活性化につなげていくことを目指しているとのことだった。

デジタルチケットとしては、市内の飲食店や温泉・観光施設のお得な特典を収めた 200 円の「湯けむり手形」、湯田温泉の観光回遊拠点施設で山口の地酒セレクションが 500 円で味わえる「利き酒特別セット」、防長交通のバスに 1000 円で 3 回まで乗ることができる「のる得きっぷ」が用意されていた。

タクシーツアーは、新山口駅から湯田温泉までの片道タクシー運賃と前述の湯けむり手形をセットにした「湯けむり直行便」を片道 1 人 1800円で販売。超小型モビリティは MaaS 実証実験のために用意されたもので、中心市街地と湯田温泉の合計 3 ヶ所で 1 人乗りと 2 人乗りの合計 6 台を無料で貸し出していた。

MaaS の実証実験は 2021 年 2 月でいったん終了したが、翌月からはスマートフォンアプリで市中心部の湯田温泉と山口宇部空港を結ぶ乗合タクシーのマッチングを行う「スマート空港タクシー」の実証実験が始まっている。こちらにも山口市は観光施策として補助を行っている。

前述のとおりこの区間には、かつて直行バスや乗合タクシーが運行されていたが、運転士不足などを理由に廃止されており、空港から中心市街地への交通アクセスが大きな課題となっていた。

実証実験はこの課題解決を目指して始めたもので、乗合タクシーは山口宇部空港の発着便の時間に合わせて運行され、AIを活用した配車システムを使うことで、山口市側の利用者の乗車地点に応じた効率的な運行ルートを算出している。

　乗客の定員は4名で、料金は1人あたり3000〜4000円と、通常運賃1万円の半額以下であるとともに、時間帯によって料金を変える、いわゆるダイナミックプライシングを導入していることも目を引く。

　ここまで紹介してきた山口市の交通まちづくりは、ある程度の結果を出している。たとえば本章前半で紹介した総務省統計局によるランキング2018〜20年平均版では、ガソリン消費量は全国一であり続けているものの、バスとタクシーの運賃支払い額はともに1ランク上昇している。

　同市の施策で評価したいのは、鉄道やバスなど今あるものを生かしていること、早くから住民参加を呼びかけたことでその手法が定着しつつあること、人口20万人クラスの都市としては移動の選択肢をたくさん用意していることである。こうしたベースはMaaSの導入に対しても追い風になると考えている。

　そのMaaSについては、2020年度の実証実験はコロナ禍で実績がいま一つであったこともあり、2021年度も7月から12月まで実証実験を行っている。事業主体には萩市と長門市が加わっており、より広範囲での展開になった。

　山口市について言えば、すでに自転車シェアやスマート空港タクシーでアプリは取り入れている。こうした経験はコミュニティタクシーやグループタクシーなどにも応用できるはずで、多彩な交通手段を統合できれば、我が国の地方型MaaSとしてはかなりレベルの高いものになるだろう。

第5章
高蔵寺はニューモビリティタウンへ
──春日井市

移動問題を抱えるニュータウン

　交通問題が顕在化している場所の一つにニュータウンがある。高度経済成長時代に若年層が大量に入居したが、その入居者たちが揃って高齢化し、運転免許返納という時期になったことで、足の確保が問題となっているからだ。

　ニュータウンの歴史を振り返ると、英国の田園都市（ガーデンシティ）に行き着く。西山康雄氏『日本型都市計画とはなにか』（学芸出版社）では、19世紀末にエベネザー・ハワードが著書『明日』の中で示した実験的社会システム、1903年から建設を始めた首都ロンドン郊外の実験都市レッチワース、都市田園計画協会や国際住宅・都市計画連合を通じた啓蒙活動の全体を、英国田園都市と称している。

　これらの活動は日本にも強い影響を及ぼした。1918年には渋沢栄一らの手により、現在の東急の祖となる会社が、その名も田園都市株式会社と

いう名称で設立された。現在の東京都内の洗足や田園調布の開発を皮切りに、神奈川県横浜市の東急東横線沿線にある慶應義塾大学など、大学誘致にも取り組んだ。

同じ時期、関西では箕面有馬電気軌道（現阪急電鉄）の創業者である小林一三が、鉄道の建設と同時に沿線の宅地開発を進め、いち早く住宅ローンも提案。さらに宝塚歌劇と宝塚大劇場、世界初のターミナルデパートと言われる阪急百貨店を生み出すなど、娯楽施設も提供した。

日本の田園都市は、ハワードが提唱しレッチワースで具現化した職住近接のまちづくりではなく、緑豊かな住宅都市を目指した点が異なる。鉄道事業者などが収益を安定化させるべく、沿線に田園都市を作り、自身の鉄道で通勤してもらうというビジネススタイルを構築したのである。

こうした手法は第二次世界大戦後、さらに盛んになっていく。たとえば東急は創業者である五島慶太の指揮により、神奈川県川崎市・横浜市で多摩田園都市の開発に着手。地域の通勤輸送のために田園都市線を開通させた。

ニュータウンという言葉も、英国でいち早く使われはじめた。同書によれば、第2次世界大戦直後の1946年に、首都ロンドンなどからの人口と雇用の分散、産業不振地域の再生を目的にニュータウン法が制定され、整備が始まったとある。

我が国のニュータウン第1号とされるのは大阪府が吹田市・豊中市に建設した千里ニュータウンで、1961年に建設が始まり、翌年最初の住民が入居した。続いて愛知県春日井市にある高蔵寺ニュータウンが、1955年に設立された日本住宅公団（現独立行政法人都市再生機構）が初めて手掛けたニュータウンとして完成する。

その後も東京都稲城市・多摩市・八王子市・町田市にまたがる多摩ニュータウン、神奈川県横浜市の港北ニュータウン、千葉県印西市・白井市・船橋市の千葉ニュータウンなどが、次々に建設された。このうち千里・高蔵寺・多摩は日本の三大ニュータウンと呼ばれる。

日本のニュータウンは、高度経済成長時代の1960年代に、地方から大

図1　上下移動の多いニュータウンのバス停

都市への人口流入の受け皿として開発が進められた。英国のニュータウン
が同国の田園都市同様、職住近接をコンセプトとしていたこととは異なる。
分散と拡散の違いと言えるかもしれない。

　全国各地に建設されたニュータウンに住みはじめたのは、当時の若い
ファミリー層であり、今もそのまま暮らし続けているという例が多い。そ
の結果、近年になって課題が顕在化しつつある。

　まずは高齢化。これは全国的な課題であるが、ニュータウンでは多くの
住民がほぼ同時に居住を始めたために、年齢層の広がりがない。つまり若
い人が高齢者を助けるような状況が生まれにくい。こうした状況から、昨
今はオールドニュータウンと呼ばれることもある。

　当時の都市計画のトレンドを反映しているので、自動車交通が主役のま
ちづくりがなされ、住民も多くが自動車に頼る生活を送るようになったこ
とも、多くのニュータウンに共通する。しかし高齢化が進み、一部の住民
が運転免許証返納という年齢に達したことで、交通問題も抱えるように

なった。

　日本のニュータウンで散見されるのは、大通りをまたぐように歩道橋が整備され、歩車分離がなされた構造である。安全面では好ましいものの、丘陵地域に造成された例が多いこともあり、上下移動が多いことなど、日々の移動に苦労を伴う都市構造であることに気づきつつある（図1）。

　一部のニュータウンではこうした状況に向き合い、新しいモビリティサービスの導入を検証しはじめている。本章ではその中から、高蔵寺ニュータウンを取り上げる。

高蔵寺ニュータウンの課題

　高蔵寺ニュータウンは春日井市東部にあり、面積約700ha、計画人口は約8.1万人となっていた。1966年に事業計画が認可され、2年後に入居がスタートしている。ニュータウンというと高層の集合住宅が建ち並ぶ景観を想像する人もいるだろうが、高蔵寺ニュータウンでは2019年現在で、全体戸数の半分近くが一戸建てとなっている。

　商業施設を敷地内に点在させるのではなく、大きなショッピングエリアを中央に1ヶ所設けた、いわゆるワンセンター方式を採用したことも特徴である。このセンター地区を含めた中心部が中央台で、その東に石尾台と押沢台、北に高森台、西に藤山台と岩成台、高蔵寺駅との間に高座台と、7つの地区からなっている。

　最寄り駅は東海旅客鉄道（JR東海）中央本線、愛知環状鉄道が乗り入れる高蔵寺駅となる。ただし多摩や千里のように敷地内を鉄道が貫き、駅周辺に住宅地が広がっているわけではない。駅から中心部までは約2kmあり、しかも上り坂が続く。

　つまりアクセスはバスがメインになる。高蔵寺駅北口に降りるとバスターミナルがあり、ニュータウン各方面に向かうバスが停まっている（図2）。すべて名古屋鉄道（名鉄）グループの名鉄バスが運行している。この

図2　高蔵寺駅バスターミナル

　他市が運行するコミュニティバス「かすがいシティバス」が、高蔵寺ニュータウンと市の中央部にある中央本線春日井駅、春日井市民病院を結んでいる。

　ただしニュータウン内は歩車分離がなされた結果、バス停がニュータウンより一段下にある場合もあり、降りると階段やスロープを使うことになる。バス停間の距離も長めである。

　ニュータウン内にはセンター地区の商業施設「サンマルシェ」などの運営・管理を行う高蔵寺ニュータウンセンター開発の手で「サンマルシェ循環バス」が走っており、こちらは停留所をきめ細かく設定している。ただし高蔵寺駅へ行くには路線バスに乗り換える必要がある。

　かつては同じ愛知県の小牧市にある名鉄小牧線小牧駅と桃花台ニュータウンを結ぶ、いわゆる新交通システムの桃花台新交通「ピーチライナー」が、高蔵寺ニュータウンを経由して高蔵寺駅まで伸びる計画があったようだが、2006年にピーチライナーそのものが利用者数の低迷で廃止された。センター地区脇の道路が幅広いのは、ピーチライナー整備を考慮していたため

と言われている。

　当時の小牧線は起点の上飯田駅が、名古屋市交通局の市電廃止後は他の鉄道と連絡しない単独駅になり、名古屋駅などに出るのが不便だったため、桃花台ニュータウン住民は春日井駅や高蔵寺駅にバスで向かう人が多かったという。ピーチライナー廃止後はこれらのバスが公共交通の主役となり、高蔵寺ニュータウンに近い状況になっている。

　高蔵寺ニュータウンの人口は2005年10月1日現在では4万6911人、2021年4月1日は4万861人で、ピーク時の5万2000人に比べると減少したが、近年は微減という状況にある。

　しかし高齢化率は、2005年は15.3％だったのに対し、2021年4月1日現在で36.6％となっている。春日井市全体の高齢化率は、2005年が16.2％、2021年4月1日が25.9％となっており、2005年では市平均を下回っていたのに対し、2021年は大きく上回っている。

　人口が変わらずに高齢化しているということは、裏を返せば少子化も進んだことになる。その影響だろう、地域内に10あった小学校のうち、藤山台地区では3校を1校に統合することになった。

　ただし高蔵寺ニュータウンでは、余剰となった旧藤山台東小学校施設は2018年に多世代交流拠点施設「高蔵寺まなびと交流センター（グルッポふじとう）」として生まれ変わり、旧西藤山台小学校施設については後述する西のサブセンター整備に活用予定となっているなど、異なる用途への転換に取り組んでいるのは、好感が持てるところである。

リ・ニュータウンとモビリティブレンド

　こうした状況を受け、春日井市とともにニュータウンの交通改革に取り組んでいるのが、名古屋大学未来社会創造機構モビリティ社会研究所の森川高行教授だ。

　春日井市と森川教授のつながりは、2006年から市長を務める伊藤太氏

の主導で2016年に策定された「高蔵寺リ・ニュータウン計画」がきっかけだった。高蔵寺ニュータウンが将来にわたって持続可能なまちであり続けるために、有識者・市民・関係団体代表者などで構成された検討委員会、住民参加のワークショップや意見交換会を踏まえてまとめたものだ。

そこでは課題に応じた主要な施策として、住宅・土地の流通促進と良好な環境の保全・創造、身近な買い物環境の整備と多様な移動手段の確保、多世代の共生・交流と子育て・医療・福祉の安心の向上、既存資産（ストック）の有効活用による多様な活動の促進、高蔵寺ニュータウンを超えた広域的なまちづくりの推進の5点を挙げており、2番目の施策でモビリティが明記されている。

ところが当時、市役所の中には交通の専門家がいなかった。そこで同年、伊藤市長が森川教授の研究室を訪問し、高蔵寺リ・ニュータウン計画の交通分野担当を依頼した。

名古屋大学未来社会創造機構では、2013年度からCOI（センター・オブ・イノベーション）を立ち上げ、高齢者が元気になるモビリティ社会の実現を目指してきた。

高齢者がお出かけしたくなるような身体と気持ちを保ち、自らの意思でいつでもどこでも移動でき、地域差や個人差がなく、いつまでも社会の現役として活躍でき、共助と自尊心が生まれる場と仕組みを目指すという。

COIとは、文部科学省が2013年度に開始した「革新的イノベーション創出プログラム（COI STREAM）」に基づいている。

COI STREAMとは、将来におけるあるべき社会の姿、暮らしのあり方として3つのビジョンを設定し、このビジョンをもとに10年後を見通した革新的な研究開発課題を特定したうえで、既存の分野や組織の壁を取り払い、企業だけでは実現できない革新的なイノベーションを産学連携で実現するものだ。

ちなみに3つのビジョンとは、少子高齢化先進国としての持続性確保、豊かな生活環境の構築（繁栄し尊敬される国へ）、活気ある持続可能な社会の

構築となっており、全国 18 の拠点で、大学や企業の関係者が一体となって研究開発を強力に推進していくとしている。

このビジョンをもとに国立研究開発法人科学技術振興機構では、COI プログラムとして、基礎研究段階から実用化を目指した産学連携による研究開発を集中的に支援している。

名古屋大学はトヨタ自動車などとともに、ビジョン 3 の「活気ある持続可能な社会の構築」において、人がつながる "移動" イノベーション拠点というテーマで選ばれた。プロジェクトリーダーはトヨタの畔柳滋氏、研究リーダーを森川教授が務めている。

研究開発テーマとしては、モビリティ研究をはじめ、情報基盤研究、くらし・健康基盤研究、サステナブル基盤研究、協調領域研究の 5 つを挙げており、自治体、企業、大学などが参画している。

伊藤市長からの依頼を受けた森川教授は、高蔵寺リ・ニュータウン計画がこのビジョンに当てはまると考え、春日井市に参画メンバーに入ってもらい、共同研究契約を結び、2017 年度からニュータウンモデルとして取り組みを始めた。

ちなみに名古屋大学 COI の活動地域は高蔵寺ニュータウンだけではなく、中山間地域モデルの豊田市足助・旭・稲武地区、地方都市モデルの額田郡幸田町も活動地域としている。地域の状況に応じたモビリティサービスを構築・検証し、地域での作り込みによってノウハウを蓄積していこうとしている。

森川教授は高蔵寺ニュータウンの特徴として、全域が春日井市内にあること、鉄道駅がなく高蔵寺駅からバスでアクセスする必要があること、大きなショッピングエリアが中央に 1 ヶ所あるワンセンター方式であることの 3 点を挙げている。

自治体が単一であることは、意思決定がなされれば素早く実行できるメリットがある。バスでのアクセスやワンセンター方式は不便にも映るが、バスは本数が多く、ニュータウン内各方面に走っており、利用者も多く黒

字運営とのこと。さらにニュータウン内には循環バスが2路線あり、春日井市にはタクシー会社も数社あるなど、公共交通が不便な地域とは言えないという。

　しかしながら高蔵寺ニュータウンは丘陵地に建設されており、バス停に行くまでに坂道があって大変であるなど、ラストマイル問題が存在している。加えて高齢の住民は80代になっており、運転免許返納者も多くなっている。

　そのために森川教授が生み出したのが、「モビリティブレンド」という考え方だ。バスなど既存の交通手段を使いやすくしたうえで、ライドシェアやAIオンデマンド交通など新しいモビリティサービスをブレンドし、切れ目がなくきめ細かい交通サービスを提供することで、マイカーだけに頼らない生活をしてもらい、高齢者が歩いてお出かけをすることで元気になってもらうという考えである。

　既存の交通事業者の側にもモビリティブレンドのメリットはある。新しいモビリティサービスの導入により、低コストでサービスを向上させながら、破壊的ではない革新を地域交通にもたらすことが可能になる。

　高齢化・過疎化・運転手不足など、地域の条件に合わせてブレンドの内容を変えていることも、モビリティブレンドの特徴と言える。つまり豊田市足助地区と高蔵寺ニュータウンは、まったく同じ内容ではない。

　中山間地域の豊田市足助・旭・稲武地区では、地域住民が他の住民の移動をサポートするライドシェアを導入し、好評を博していた。そこで高蔵寺ニュータウンでも、地区の拠点と自宅を結ぶラストマイルとして試験導入したが、利用率はいま一つだった。中山間地域と比べると、ニュータウンは住民同士の結びつきがさほど強くないことを教えられたという。

自動運転モビリティサービスの実装目指す

　そこで森川教授は高蔵寺でのライドシェアは早々に切り上げ、自動運

転でラストマイルを提供するという方式に転換。COIで開発した「ゆっくり自動運転」、つまり時速20km未満で走行する自動運転電動カートを2017年度から走らせ始めた（図3）。

図3　自動運転電動カート

初年度は1日、2年目は2日間の走行だったものの、3年目の2019年度は、石尾台という区域に約30ヶ所の停留所を作り、電話で予約を受け、停留所に迎えにいく実証実験を2週間×2回行った。電話で日時、人数、出発地と目的地の停留所番号を伝えると、車両が迎えに来るというものだ。

その結果、もう少し家の近くまで来てほしいという声があったので、2020年度は停留所を約130ヶ所に増やし、運行間隔も前年度の1時間間隔から15分間隔に短縮して、1か月走行した（図4）。

自動運転はレベル2であり、石尾台地区の公共施設で遠隔監視を行っている。将来はレベル4に引き上げ、無人運転による回送や駐車などを行いたいとしている。

電動カートの自動運転は、路面に電磁誘導線を敷設するタイプは石川県輪島市などで実用化されているが、高蔵寺ニュータウンで使用する車両は名古屋大学COIで改造した車両にライダーと呼ばれる高性能レーザーセンサーを搭載したもので、電磁誘導線によらないカートの自動運転は全国初だった。

もう少し広い範囲の移動については、2018年度からタクシー会社と協力して、AIオンデマンド乗合サービスの実証実験を行っている。

予約はパソコンやスマートフォン、タブレットの専用サイトあるいは電

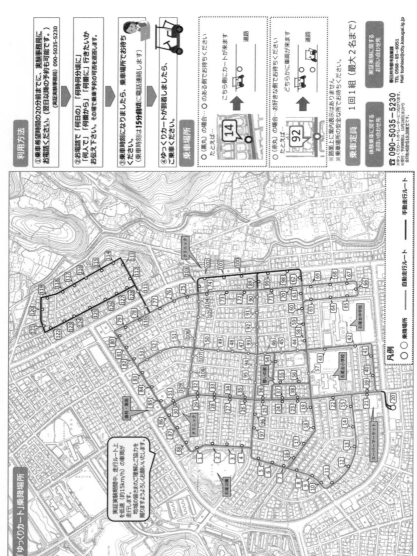

図4　ゆっくり自動運転乗降場所と利用方法（資料提供：春日井市）

図5　自動運転小型バス

話でオペレーターを介して行い、出発日時や出発地、目的地をもとにAI
が最大3人の乗合をマッチングするもので、初乗り運賃は1人400円と、
通常のタクシー運賃の約5割引で利用できる。2020年度は3か月で約250
回の利用があった。

　2021年6月14日に始まった最新の実証実験では、最大料金を1000円
に設定するとともに、医療機関の協賛を受けることで発着時の運賃が100
円引きとなる割引対象の病院・医院が2ヶ所から5ヶ所に増えるなど、サー
ビスを拡充している。

　これに先駆けた2021年2月には、自動運転小型バスの実験も始めた（図
5）。小型バスについては当初、定時運行方式にするつもりだったが、新型
コロナウイルスの緊急事態宣言が発令されたことを受け、住民および関係
者の試乗に留めた。ただしその後6月からは、前述した電動カートととも
に、住民が体験乗車できる実証実験が始まった。

　こちらの自動運転もレベル2で、通常の道路状況では遠隔による監視を

図6　センター地区のショッピングセンター「サンマルシェ」

行ったうえで自動走行するが、駐車車両のやり過ごしで対向車や後続車が
あるときなどは乗務員が追い抜き開始の判断ボタンを押す。

　将来は限定された領域内で完全自動とするレベル4を目指すとのことだ
が、無人運転は難しいので、遠隔あるいは住民乗務で行うことを想定して
いるそうだ。

　筆者が訪問した日は、自動運転バスの運行初日であったが、驚いたのは
伊藤市長が視察に訪れ、試乗までしたことだ。高蔵寺リ・ニュータウン計
画において交通改革が重要なポジションにあることを理解していることが
窺えた。

　名古屋大学が関係している案件以外にも、高蔵寺ニュータウンでのモビ
リティ分野での実証実験はいくつか行われている。

　2017年11月にはトヨタ自動車とともに、歩道を使った歩行支援モビリ
ティシェアリングサービスの実証実験を行った。1人乗りの電動パーソナ
ルモビリティを使い、市内在住・在勤で20歳以上の人であれば、運転免

許証などの身分証明書を提示することで、センター地区のサンマルシェから藤山台の管理サービス事務所までの約1.2kmを片道200円、往復（最大2時間）500円で利用ができた他、無料で乗車体験もできた（図6）。

　また自動運転については、愛知県や自動運転関連技術開発企業との連携で、市販のミニバン型乗用車を改造した車両を遠隔操作により自動運転とする実証実験も、高蔵寺ニュータウン内で行っている。

お出かけを促す MaaS アプリ

　こうした取り組みに加え、2020年12月から翌年2月にかけては、春日井市と名古屋大学はMaaSアプリの実証実験にも取り組んだ。KDDIおよびKDDI総合研究所がアプリを開発したもので、「高蔵寺おでかけアプリ」と名付けられた。

　この実証実験は、国土交通省の「令和2年度日本版MaaS推進・支援事業」の認定を受けた取り組みで、春日井市・名古屋大学・KDDI・KDDI総合研究所は、この事業を共同で進めるべく設立された「高蔵寺スマートシティ推進検討会」の構成員として実証実験を進めた。

　アプリをダウンロードしてユーザー登録を行うと、トップページが現れる。地域の協賛店舗がアイコンで並ぶという、個性的なインターフェイスだ。ここではお得なクーポンも表示される（図7）。

　リストの中から行きたい店舗を選ぶと、ルート検索結果が表示される。その中からAIオンデマンド乗合サービスを選んだ場合は、事前予約とクレジットカードによる決済もできる（図8、9）。またこのAIオンデマンド乗合サービスおよびサンマルシェ循環バスを利用すると、運賃に応じた割引が店舗で受けられるスペシャルクーポンも発行されるというものだった。

　名古屋大学COIでは、中山間地域の豊田市足助・旭・稲武地区でも、タブレットを使ったモビリティサービスを導入した。中山間地域で効率よく情報収集や移動予約を行うためには、ICTの活用が必須という考えに基

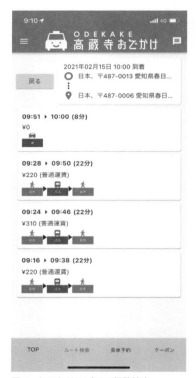

図7　おでかけアプリのトップ画面　　　　　図8　おでかけアプリの経路検索

づくものだった。

　インターネットの用意がない家には新たに敷設し、健康見守り希望者には インターネットを用いた人感センサーを導入するとともに、コミュニティ・サポート・システムをホームアプリとして組み込んだタブレット端末を貸与するものだ。

　アプリは大きなボタンで簡単に操作可能で、お出かけ情報入手や移動手段予約の他、健康見守り、脳トレ、SNSによる交流というメニューも盛り込んでいる。見守り機能は、交通手段利用後に幸せ度や健康度などを5段階の中から選んでもらい、その結果が家族に送られる仕組みだ。

　実験の結果、多くの高齢者はIT経験値が低いだけであり、タブレット

図9　オンデマンド乗合サービス画面

教室を開催して利用方法を説明したりすれば、タブレットを利用できることがわかっている。使いこなしていくにつれ、孫とSkypeで会話がしたい、友だちにメールを送りたいなどの声が出てきたという。

一方でMaaS導入の目的の1つにもなる移動データ収集については、名古屋大学と春日井市は高蔵寺ニュータウン内の公共施設や商業施設などで、Wi-Fiパケットセンサーを用いた観測調査を、2022年3月末まで行う予定としている。

Wi-Fiパケットセンサーとは、Wi-Fi機能を持つスマートフォンやタブレットなどから発信される信号を受信し、データを蓄積するもので、データ解析により人の移動・滞留・回遊などを計測することができる。端末から発信される信号は機器ごとに定められた記号であるため、個人を特定する情報は一切含まれず、取得した信号は匿名化処理をし、元の信号がわからないよう集計するといい、取得した信号情報は調査の目的以外で使用することは一切ないことを明記するなど、個人情報保護の配慮も行っている。調査による計測を避けたい場合は手持ちの端末のWi-Fiをオフにする旨の呼びかけも行っている。

ここまで春日井市と名古屋大学の連携による事例をいくつか紹介してきたが、将来的には名古屋大学の支援を受けつつ、自治体主導のサービス事業に発展していくことが理想であろう。現に何度か紹介している豊田市では、2019年に地域サービス事業法人が設立されている。そして春日井市

からも、それに向けた動きが感じられる。

　同市では前述のように、名古屋大学をはじめ多彩なパートナーと複数の
モビリティサービスの実証実験を行ってきた。そこで2017年度には、各
モビリティに関するプロジェクトを束ねる組織として「高蔵寺ニュータウ
ン先導的モビリティ検討会議」を設立し、関係者間における情報共有を進
めてきた。

　こうした姿勢が評価され、内閣府の所管事業である「近未来技術等社会
実装事業」に選定された。その結果、国土交通省、厚生労働省、経済産業
省などの各省庁から総合的な支援を受けられることになった。これを受け
前述の検討会議に、各省庁の担当者を構成員として新たに迎え、2018年
10月に「第1回春日井市近未来技術地域実装協議会」を開催している。

　今後も自動運転やパーソナルモビリティなど、新たなモビリティサービ
スと既存交通とのモビリティブレンドを模索し、ニュータウン型のMaaS
の構築による快適なまち「高蔵寺ニューモビリティタウン」を目指してい
きたいとしている。

　さらに2021年3月には、高蔵寺リ・ニュータウン計画の改定を行い、
新たに「高蔵寺リ・ニュータウン計画2021〜2030」を策定した。そこで
掲げられた7つのプロジェクトの1つに「交通拠点をつなぐ快適移動ネッ
トワークの構築」がある（図10）。

　内容は、高蔵寺駅とセンター地区を主要交通拠点に定め、両拠点を結ぶ
バスは高機能化し、主要交通拠点はパークアンドライド駐車場、自転車駐
輪場を設けたトランジットセンターとするとともに、ニュータウン内の東
西にサブ交通拠点を1ヶ所ずつ形成。こちらには交通広場を設け、バリア
フリーに配慮した多様な交通手段との接続を円滑化するとともに、生活利
便施設の誘導でにぎわいを創出したいとしている。

　ちなみに名古屋大学COIでも、多様な交通手段の結節点であり、なお
かつ病院やショッピングセンター、市役所など移動の目的地ともなり得る
移動の拠点をモビリティセンター、その小規模版をモビリティスポットと

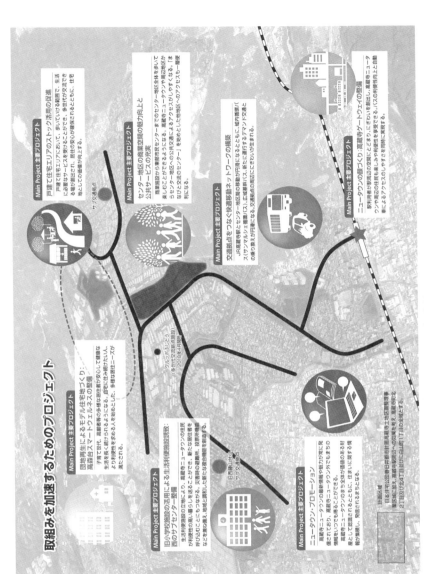

図10　高蔵寺リニュータウン 2021 プロジェクト（資料提供：春日井市）

定義しており、主要交通拠点とサブ拠点はこの関係に近いと考えられる。

　さらに改定版では、3ヶ所の交通拠点すべてについて、オンデマンド乗合交通、カーシェアリング、パーソナルモビリティレンタルなど多様な交通手段の確保を考えていくことに加え、ニュータウン内のモビリティサービスの情報を一元的に提供する MaaS の整備、産学官の連携による自動運転技術の導入検討も記されている。

　これにより、2019 年度には 76.7％になっている公共交通の人口カバー率を、2030 年度には 85％に引き上げたいとしている。そのためにはハードウェアだけでなく、項目にあるとおり MaaS に代表されるソフトウェアの進化も必須であり、ニュータウンという固有の課題を持つこの場所をどのようなニューモビリティタウンに仕立てていくのか、興味を持って見守りたいところである。

第6章
定住推進から生まれた交通改革
──中津川市

リニアを活かすまちづくりの真意

　本書第1章で、新型コロナウイルス感染症の影響で大都市で暮らしていた住民の一部が、郊外や地方へ移住を始めていることを書いた。そしてまち選びの段階で、公共交通の利便性を重視する可能性があることにも触れた。

　こうしたプロセスの中で、高速鉄道の果たす役割は大きい。特急料金は掛かるが、確実に短時間で大都市の中心部に直行できるからだ。基本はテレワークだが時々オフィスに行く必要があるような人に適している。

　空港は福岡市など一部を除けば都心から離れているうえに、出発時刻の20分前までに保安検査場を通過するルールが一般的で、余裕を見て30分前までには空港に着いていなければいけない。高速道路を使ったマイカー移動はドア to ドアを実現するものの、大都市周辺の渋滞で時間が読めないことが大きな欠点になる。

　JR東海が建設を進めているリニア中央新幹線も、こうした役割を担う

ことができる高速鉄道であろう。

　一部自治体の反対運動もあり、当初予定していた品川〜名古屋間2027年という開業時期は遅れる公算が高く、2021年4月には工費の増額が発表された。しかし品川〜名古屋間を最速約40分で結ぶことで、双方が通勤圏に生まれ変わることに加え、前述した高速鉄道の利便性も併せ持つ点は見逃せない。

　名称のとおり、東海道ではなく日本列島の中央を走ることにも注目している。駅の設置が予定される神奈川県相模原市、山梨県甲府市、長野県飯田市、岐阜県中津川市はいずれも、高速鉄道を初めて迎え入れることになるからだ。ゆえに現時点でも盛り上がりを見せている。ここではその中から中津川市を取り上げる。

　岐阜県南東部に位置する中津川市は、2005年に同じ岐阜県内の6町村とともに、中山道の宿場町だった馬籠宿がある長野県木曽郡山口村を編入したことでも話題になった（図1）。

　その結果、現在の面積は676.45km²と琵琶湖よりも広くなった。人口は2021年6月末現在7万6780人で、4年前の2017年3月末と比べて3000人ほど減っているが、リニア中央新幹線の岐阜県駅が設置される坂本地区は増加となっている。

　リニア中央新幹線の岐阜県駅は、JR東海中央本線の中津川駅の西隣である美乃坂本駅付近に設けられ、車両基地も併設される予定になっている。

　現在でも中津川駅から名古屋駅まで特急では50分、快速では75分ほどで着くが、リニア中央新幹線が開業すれば名古屋駅まで約13分、東京品川駅まで約58分で到達する予定で、名古屋や東京の会社でテレワークで働く人にとっては絶好の立地になる。実際にあるメディアが企画した「2021住みたい田舎ベストランキング」では、東海エリア総合部門第1位に選ばれている。

　こうした状況を受けて同市では、リニアを活かすまちづくりを進め、「住み続けたい、住んでみたいと思うまち」を目指している。同市のウェブサ

図1　馬籠宿

イトにもその傾向は現れている。トップページの目立つ位置に、観光情報サイトとともに定住情報ポータルサイト「中津川に住もう！」、「なかつっこ」と名付けた子育てサイトへのリンクが並んでいるからだ。

　コロナ禍の現在では、移住希望者に寄り添った相談や支援が行えるよう、岐阜県内でいち早く開始したオンライン移住相談やオンライン空き家ツアーなどを開催しており、前述のポータルサイトでは空き家情報バンク、移住定住者体験談、就業支援情報などを掲載している。

　ただし中津川市では、リニア中央新幹線開業とは別の流れで、公共交通を見直す動きが生まれている。その経緯と現在の状況、今後の目標などについて、一般社団法人最先端田舎中津川代表理事の福本雅之氏の紹介で、中津川市定住推進部定住推進課交通対策係の柘植良吾係長、および交通事業者である北恵那交通運輸担当所長の北原和人部長に話を聞いた（図2）。

　市の交通担当者が定住推進課の所属であることを、不思議に思った人もいるだろう。当初は定住推進と公共交通はリンクしていなかったが、合併

図2　北恵那交通バス（写真提供：北恵那交通）

前の町村を含め全部で13ある地域をまとめているのが同課であり、旧町村のコミュニティバスも担当していたことから、公共交通全体を担当するようになったという。

相次ぐバス事業者撤退の中で

中津川市には以前から、交通計画は存在していた。2014年2月に策定された「中津川市地域公共交通総合連携計画」（計画期間2013〜2017年度）である。この計画は、同年11月に地域公共交通の活性化及び再生に関する法律が改正されたことを受けて「地域公共交通網形成計画」へと修正されていた。

しかし当時はコミュニティバスの変更の際などに形式的な会議を行うだけだったそうで、目立った施策を行うことはなく、目標を達成することができないまま、計画期間は終了した。これらの反省を踏まえ、交通事業者

や地域住民を交えて明確な計画づくりに取り掛かることになり、計画期間を2018～2022年度の5年間とした「中津川市地域公共交通網形成計画」を2018年3月に策定した。

　この計画の基本方針は、「住んでよかった、住んでみたい街に～公共交通網の維持で定住を推進」であり、

　　1　住み続けられる街に～定住を支える公共交通
　　2　来てよかった、また来たい街に～観光と利用促進
　　3　誰もが活躍する街に～運転手不足解消に向けて

の3つを目標として掲げている。定住推進課という部署の特徴が出た内容ではないかと、柘植氏は語っていた。

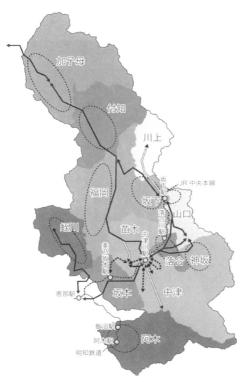

図3　地域公共交通網（資料提供：中津川市）

　中津川市の公共交通を見ていくと、基幹となる中央本線や高速バスが走る中央自動車道は市の南部を横断しており、鉄道では他に西隣の恵那市にある恵那駅から明智駅に至る第3セクターの明知鉄道が市南西部の一部を走っているが、北部と中央部、南東部には鉄道は走っていない。つまり多くの地方都市と同じようにバスが重要な役目を担うことになる（図3）。

　しかしながら、昔は4社のバス事業者が中津川駅前に乗り入れていたが、2002年にジェイアール東海バスが撤退すると、高山市に本社がある

濃飛乗合自動車（濃飛バス）、多治見市を本拠とする東濃鉄道（東鉄バス）も少しずつ路線を手放し、後者については2021年3月に中津川市への乗り入れがなくなった。

現在は市北西部の加子母地区に濃飛バスが、市南東部の山口地区におんたけ交通が乗り入れるが、市内の大半の地区では地元の事業者である北恵那交通がすべての路線を運行している。中津川駅や美乃坂本駅の周辺を走る市街地路線を除き、ほとんどが国や自治体からの補助を受けている。

北恵那交通では赤字部門であった観光バス部門とタクシー部門、旅行事業部門を切り離すことになり、結果として乗合バスの専業事業者となった。

これ以外に中津川市では、前述したようにコミュニティバスを走らせている他、廃止代替の自主運行バスも持っている。同市では民間事業者が運行するバスを幹線と位置づけ、その幹線へつなぐ地域内の支線をコミュニティバスが担っており、交通事業者と市が役割分担をして公共交通網を維持しているとのことだった。

こうした内容を持つ現在の中津川市の公共交通の問題点が、前に紹介した計画で示された3つの目標に示されていると言える。それに対して同市では、合わせて20の具体的な施策を挙げている。

まず定住を支える地域交通について、筆頭に掲げられているのが、高校生のバス通学支援および高校生バス通学者増加への取り組みだ（図4）。

北恵那交通が運行する路線バスの利用者の半分以上は学生で、朝は満員になる路線もあるそうだが、南北に長大な市域のため、北部の市境付近から南部にある市中心部に通学する人の中には、定期券代が年間30万円に達する利用者もいるという。

昔は高校生の保護者会が通学バスを走らせていたが、現在は通学バスが存在せず路線バスでの通学が主となっている。そこで同市では利用者に対して定期券購入にかかる負担軽減のための助成制度を設けている。

バスの利用者確保だけでなく、運賃が高いという理由で転居する人が増えると、地域が維持できなくなるからである。以前から住んでいる人のた

図4　バスを待つ高校生（写真提供：北恵那交通）

めにも、外から移住してくる人のためにも、路線バスを守る必要がある。

　2番目の目標に挙げた観光需要については、コロナ禍前の話ではあるが、中津川駅と馬籠宿を結ぶ路線は外国人観光客の利用が多く、スマートフォンなどでバスの時刻を調べられるよう、経路検索の充実に向けたデータ整備や公共交通オープンデータ活用などが掲げられた。

　市内には、馬籠宿以外にも中山道の宿場町である中津川宿と落合宿がある。さらに苗木城跡、地歌舞伎小屋の常盤座・かしも明治座など、観光スポットが点在している。とはいえ馬籠宿に比べると訪れる観光客は少なく、ポテンシャルを活かしきれていないという現状があり、公共交通を活かした観光振興やおでかけ情報の発信が重要と記された。

　3番目の項目として挙げた運転士不足は、いまや全国レベルでの問題になっているが、便数を増やしたくても担当するドライバーがいないというのが現実である。こうした状況を改善すべく、大都市圏での移住相談会を活用した移住推進とドライバー確保をセットにした取り組みや、女性の就

労支援と連携した女性向けの運転手体験会を開催することなどが盛り込まれた。

オープンデータで最先端田舎へ

その中からここでは、2番目の目標の施策で挙げた経路検索の充実に向けたデータ整備、公共交通オープンデータ活用に注目する。「公共交通オープンデータ『最先端田舎』への挑戦」というキャッチコピーとともに、数ある自治体の中でもいち早く取り組んでいるからだ。

ちなみに最先端田舎という名称は、岡山市が公共交通オープンデータ最先端都市と呼ばれていたことに対して、対比の意味も含めてこのフレーズにしたとのことだった。

具体的には国土交通省が定めた標準的なバス情報フォーマット（GTFS-JP）をいち早く整備してオープンデータ化を進め、バスの活性化に役立てている（図5）。

GTFSとはGeneral Transit Feed Specificationの略で、公共交通の時刻表と地理的情報に関するオープンフォーマットのことである。2005年に米国オレゴン州ポートランドで生まれたもので、ポートランド都市圏の公共交通を運営するトライメット（TriMet）とグーグルが提供する経路検索サービスで検索を可能とした際に規格化したものがベースになっている。

ポートランドについては拙著『MaaS入門 まちづくりのためのスマートモビリティ戦略』でも紹介している。1958年という米国では早い時期に、自動車に過度に依存した社会のデメリットに気づき、職住近接のコンパクトシティ化やLRTに代表される公共交通整備などを積極的に進めた結果、「全米一暮らしたいまち」として注目されたことを知っている読者もいよう。

コロナ禍においてもポートランドは、「スローストリート／セーフストリート・イニシアチブ」というプランを発表。生活道路では市民の憩いの場を提供すべく、一時的にバリケードを設置して地元住民以外の自動車の

図5 時刻や経路を Google マップで検索できることを知らせる車内広告 （資料提供：北恵那交通）

通行を制限し、ビジネス街では交差点近くの歩道を拡大して歩行者間の距離を維持するとともに、物流のための専用ゾーンを設けていくなど、歩行者優先の政策をいち早く提案している。

　GTFS-JP はこの GTFS を基本として、日本国内のバス経路検索向けに拡張されたもので、2017 年 3 月に国土交通省が策定した。運賃、路線、便、時刻表などの静的データを扱う GTFS-JP と、遅延、到着予測、車両位置、運行情報といった動的データを扱う GTFS リアルタイム（GTFS-RT）の両者を含めている。

　バスの運行計画は、担当者が長年の経験と勘に基づき職人芸で作り上げることが多く、安全性や安定性には長けているものの、情報発信への対応は考慮されていない。

　加えて情報発信のやり方も各事業者によってばらつきがある。時刻表を例に取ると、すべてのバス停を記載するか否か、○丁目は漢数字にするか算用数字にするかなどの書式が統一されていない。そのため経路検索など

のサービスを提供する事業者は、人海戦術でデータを修正することを余儀なくされている。

たとえばナビタイムジャパンでは2018年、同社の経路検索アプリを全国の路線バスに100％対応としたことで、2018年度のグッドデザイン賞でグッドフォーカス賞を受賞したが、これは2006年から11年間かけて全国500社あまりのバス事業者に交渉してデータを収集し、異なるデータを手作業で統一フォーマットに変換したり、独自に実地調査を行ったりして実現したものである。

その点GTFS-JPは、データの仕様が公開されている、つまりオープンフォーマットであるため、誰でもこのフォーマットに沿ってデータを作成したり、活用したりすることが可能だ。作成に使えるツールもいくつか存在しており、無償のものもある。もちろん一度作ったデータは修正が可能で、ダイヤ改正や臨時便運行にも対応することができる。

GTFS-JPは急速に国内のバス事業者に浸透しつつある。規格策定1年後の2018年3月にはわずか7事業者だったのが、2019年2月には90事業者に、2021年6月現在では371事業者にまで増えている。その中でもいち早く対応したのが中津川市だった。

同市の取り組みで特筆できるのは、データの構築を外部に委託することなく、柘植氏が1人で作成したことだ。以前IT化推進室に所属していた経験を生かしたとのことで、他の業務をこなしつつわずか1か月で完成させたという。

偶然が重なったような状況であるが、中津川市と同程度の自治体であれば、何らかの技術に精通した人材がいる可能性もあるはずで、外部委託による時間と費用を抑え、内部に技術的なノウハウを蓄積するためにも、部署の枠を超えて抜擢するという英断が重要であると教えられる。

中津川市では最初、市が管理するコミュニティバスだけでGTFS-JPデータを整備するつもりだったそうだが、幹線である路線バスも経路検索できなければ効果が薄いと考え、北恵那交通にもデータの整備を打診し、計画

策定のわずか2か月後である2018年5月にコミュニティバスのデータを公開したのに続き、7月には北恵那交通が市の協力の下にデータを整備・公開している。

　当時は外国人観光客が増えていたので、早く進めようという気持ちが強かったと語っていた。その考えは間違っていなかったことが展開後にわかる。路線バスに乗って馬籠宿を訪れた外国人観光客に、どのようにしてバスの存在を知ったか尋ねたところ、約2割の人がグーグルの経路検索で知ったという結果が出たからだ。

　ちなみに北恵那交通のデータ整備については、柘植氏が同社から提供されたバス停の位置情報を制作ツールに時刻表とともに入力することで完成させた。その後、データを市から北恵那交通へ移管して、北原氏などがレクチャーを受けつつツールの使い方を勉強することで、社内でのデータ管理を可能にしている。現在は同社の2人で管理を担当しているという。

　それまで特に外部に出すことを意識して管理されていたわけではない運行データを、半年足らずでGTFS-JPに移行できた最大の理由は、北恵那交通にはもともとチャレンジ精神を持った社員がいたためであったことが大きいと柘植氏は語っていた。

データ整備を契機とした様々な取り組み

　GTFS-JPデータの特徴として、一つのデータをさまざまな用途に活用できる、いわゆるワンソースマルチユースであることがある。具体的には、整備したデータをスマートフォンやパソコンでの経路検索だけでなく、バスの位置情報の発信や、デジタルサイネージによる運行情報案内などにも活用できるのである。

　事例の一つが、クリスマスバスである。こちらは2017年から、中津川市と北恵那交通が共同で毎年12月に運行しているもので、市内の保育園に通う子供たちに飾り付けをしてもらったバスを走らせている（図6）。普

図6　クリスマスバス（写真提供：北恵那交通）

段バスを使わない、飾り付けをした子どもの家族が乗車するきっかけになっている他、乗客や運転士にも好評で、単なる移動手段を超えた、愉しみをもたらす公共交通になっている。

　2018年からは、整備したGTFS-JPデータを活用して、ウェブサイト上でクリスマスバスの現在位置がわかる地図を公開した。GTFS-JPデータが存在したため、開発にかかった期間はわずか3日ほどであったという。

　中津川市・北恵那交通のGTFS-JP整備は、岐阜県内でもいち早いものだった。メリットを体験した中津川市では、市内だけでなく、岐阜県内のすべての公共交通が経路検索できるようにするためには広域的な対応が必要であると考え、県に環境整備を提案。これを受けて岐阜県では、交通事業者向け相談会や自治体向け勉強会などを実施し、整備を拡大している。

　中津川市の一連の取り組みは、総務省の主催で開催された「ICT地域活性化大賞2019」で優秀賞を受賞するという評価を受けた。この年は全国で115件の応募があり、決勝には11団体が進み、5分間のプレゼンテーショ

ンを行った。その結果、優秀賞を受賞した。

　最優秀賞は北海道の団体で、それに続く第2位だったが、会場投票では多くの支持を得たという。受賞の理由として、あまり費用がかからないにもかかわらず得られた効果が大きいことや、中津川市だけでなく北恵那交通も巻き込みながら取り組みを進めていることなど、地域課題の解決にデータを活用したことが評価されたのでないかと語っていた。

　続いて中津川市は、グリーンスローモビリティを走らせる。こちらは計画の2番目の目標のうち、観光資源を生かした公共交通運行の項目で具体的に触れていた。

　グリーンスローモビリティとは2018年に国土交通省が提案した自動車の新しいカテゴリーで、従来は低速電動車などと呼ばれていた、最高速度が時速20km未満の電気自動車のことだ。

　従来から自動車の保安基準には、最高時速20km未満の自動車について、衝突安全試験が免除されるなどの緩和項目があり、このルールを用いることで地域交通に見合ったシンプルな成り立ちの車両を普及させるべく、導入についての補助や支援を行っている。

　第5章で紹介した、名古屋大学が高蔵寺ニュータウンなどで走らせている「ゆっくり自動運転」も、最高時速20km未満で走行する自動運転電動カートであり、グリーンスローモビリティを自動運転化したものと考えていいだろう。

　たしかにこの最高速度では幹線道路の流れには乗れないが、観光地では景観を楽しむために、ゆっくり走ることがメリットになる。電気自動車なので排気ガスが出ないことも、観光地での運行では見逃せない利点となる。

　さらに注目したいのは、低速なので衝突時の人的被害が軽減されることだ。これは過疎化と高齢化に悩む地方で、高齢者がドライバーを務めるようなシーンで安心材料となるだろう。よって名古屋大学などが実践している自動運転が導入しやすい。

　最先端田舎中津川代表理事の福本氏は、静岡県沼津市の「新たな公共交

通の仕組み研究会」の委員も務めており、公共交通改革の一環としてグリーンスローモビリティの導入を提案。市ではそれを受け、2018年に沼津駅〜沼津港間での試験運行が実施されたという経験を持つ。

　ちなみに沼津市では、この試験運行にも関わった伊豆箱根鉄道が、2020年3月から営業運行に移行している。民間企業がバス型のグリーンスローモビリティを所有し、路線バスとして運行するのは全国で初めてのケースとなった。

　中津川市でも、まずは実証実験として走らせることにした。そこで活用したのが、トヨタ・モビリティ基金だった。2014年に設立されたこの基金は、人や物の移動に関わる領域において、豊かなモビリティ社会の実現とモビリティ格差の解消に貢献することを目的に、国内外において各種活動を支援していくためのものである。

　同基金では、「地域に合った移動の仕組み作り」の公募を、2018年11月から翌年2月まで行っていた。2019年4月から2年間にわたり、最大で1件につき3000万円の助成が受けられるというものであった。

　バスのオープンデータ化の取り組みを知った関係者から公募の案内を受け、中津川市では、グリーンスローモビリティ導入とともにGTFS-JPデータ整備のレベルをさらに引き上げていくことも目標とすべく、運営組織を立ち上げて応募した。この組織が最先端田舎中津川である。

　地域に合った移動の仕組み作りには29団体が採択され、中津川市の「グリーンスローモビリティとICTを用いた地方都市バスの活性化」も選ばれた。グリーンスローモビリティの実証運行は2019年8月の約1か月間行われた（図7）。

　車両は群馬県桐生市のシンクトゥギャザーが製作した「eCOM-8」をレンタルし、運行管理は北恵那交通が、運転は社団で雇用した同社OBのドライバーが担当した。ルートは中津川駅と市役所、ショッピングモール、中津川宿などを巡る生活路線の「まちなかルート」と、落合宿と馬籠宿を結ぶ観光路線の「中山道ルート」で、曜日によって走るルートを変えた。

図7　グリーンスローモビリティ（写真提供：最先端田舎中津川）

　このうち中山道ルートは、途中下車して国史跡に指定されている石畳の道を歩いてもらい、再びバスに乗るというルートも提案した。石畳の区間では土地の人にガイドを依頼した。まちなかルートの利用者数は1便あたり平均3.5人だったのに対し、中山道ルートは平均6.3人で、運行後期には満員の便もあったという。グリーンスローモビリティのおかげで落合宿など新しい観光地を発見できたという意見も聞かれた。

　トヨタ・モビリティ基金との契約は2年間であり、当然ながら2020年も実証運行を行うつもりでいたが、新型コロナウイルス感染拡大で外国人観光客が激減しているなどの状況を踏まえ、残念ながら中止となった。ただし中津川市としても観光地振興の手応えは掴めたと感じているようで、今後は既存の路線バスも活用しながら、城跡や地歌舞伎小屋などもルートに組み込んだプランを検討していきたいと話していた。

結果的には MaaS になっていた

　グリーンスローモビリティの運行は中止となった2020年だが、基金に採択されたもう1つの内容である、ICT を用いた地方都市バスの活性化は、予定どおり2020年9月に実証実験に移された（図8）。

　まず利用者にとっての利便性向上については、GTFS リアルタイムを活用することで、グーグルマップの経路検索サービスでバスの遅れも反映した最新の公共交通情報を提供した。中部地方の交通事業者では初めてのことだった。中津川駅前にぎわいプラザ内のバス待合所には、GTFS-JP を活用したデジタルサイネージを設置し、発車時間の案内を始めた（図9）。

　一方事業者にとってのメリットでは、汎用的なモバイル機器の活用がまず挙げられる。バスの位置情報を専用端末で取得するためには、車載器やシステム使用料などの費用が嵩むことから中小バス事業者では導入が困難であるが、北恵那交通では車両に格安 SIM をセットした市販のスマートフォンを搭載し、スマートフォンの GPS 機能を使って位置情報を取得することで導入にかかる費用と通信費を大幅に抑えることができた。このスマートフォンはアプリを導入することで IP 無線としても使用することが可能で、運転士と運行管理者双方の情報共有にも活用している。

　バスの位置情報をリアルタイムで取得することで、利用者に対しては経路検索サービスでの遅れ情報発信が可能となり、同じデータを運行管理支援システムにも活用することで、事業者にとっても大きなメリットがある（図10〜12）。

　バスの位置情報から取得したバス走行データを蓄積・分析することで、定時性を向上するためのダイヤ編成にも生かすことが可能だという。

　路線を維持していくことは地域を守るためにも大事であるが、地方の路線バスでは昔からの街道筋を走り続け、新たに開発された地域を通らないこともある。中津川市の場合はリニア中央新幹線の駅が開設されることで、人の流れが大きく変わる可能性もある。

持続可能なバスネットワーク構築への貢献

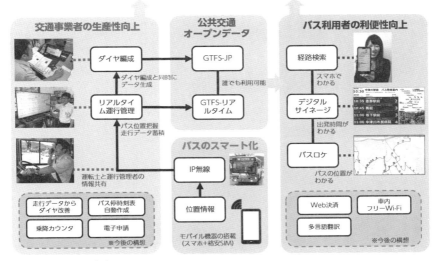

図8 データ活用の概容（資料提供：中津川市）

図9 JR中津川駅前のデジタルサイネージ

図10　バスの遅延情報（写真提供：中津川市）

図11　バスの運休情報（写真提供：中津川市）

　しかしながら従来の北恵那交通では、バスの乗客データは年1回収集していただけで、馬籠宿は観光客が少ない時に調査しており、的確な需要を測りかねていた。

　現時点でも、バスの乗客の多数を占める学生はスマートフォンを持っている人が多数であり、コロナ禍が収まれば観光需要が復活することも予想されるので、GTFS-JPデータの整備によってバスの情報が検索しやすくなることは、今後に良い結果をもたらすことが期待できる。

　中津川市地域公共交通網形成計画では前に紹介した項目以外に、3つの目標の1番目に関する具体的な施策として、タクシーを活用したお出かけ推進を計画している。

　2番目の目標では、公共交通を使ったお出かけ情報発信、路線バスの企

← 運行情報

❗ 運休
台風19号に伴う運行について・10月12日
（土）は苗木城線は終日運休いたします。

有効
kitaena.co.jp

⚠ 悪天候
台風19号の接近に伴う運行への影響につい
て・10月12日（土）は12時00分から終日全
面運休をします。ご利用のお客様には大変
ご迷惑をおかけしますが、安全を優先させ
ていただくためご了承ください。

有効
kitaena.co.jp

ℹ お知らせ
次の休みは、バスに乗って苗木城跡へ行こ
う！・中津川駅から苗木城跡へ向かう北恵
那バスの直行便「苗木城線」は、9月から
11月までの土日祝日限定で運行します。料
金は大人片道500円(往復800円)、小人片道
300円(往復500円)です。絶景山城日本一の
苗木城跡へぜひお越しください！

◁ 〇 □

図12　運休などのアラート（写真提供：中津川市）

画乗車券発行などを考えている。企画乗車券については食事割引券などを付けたパック商品を検討しており、デジタルチケットの導入も進めるとのことだった。

将来的には、オンライン決済を導入するとともに、馬籠宿と同じ中山道の宿場町として親しまれている長野県木曽郡南木曽町の妻籠宿など、周辺自治体との連携も進めていきたいと語っていた。

中津川市では、MaaS を目指していたわけではなく、結果的に MaaS のようになっていたという。この言葉は取材の中でもとりわけ印象的だった。

たしかに GTFS を用いたオープンデータ化は、利用者や事業者のことを考えての施策であり、デジタル化を前提とした方向性ではなかった。しかし結果として、グーグルによる経路検索を実現し、高校生から外国人観光客まで幅広い利用者を公共交通に誘うとともに、データ解析による運営効率化も進めようとしている。さらにグリーンスローモビリティという新しい交通手段にトライし、他の自治体との連携も画策している。

もちろん現状では、中津川市は交通分野でのスマートフォンアプリ開発は手がけていないし、事前決済や定額制などにも踏み込んではいない。GTFS に率先して取り組んだ積極性を、今後はインターフェイスにも投入し、定住促進という目標に即したメニューで再度、注目を集めるような存在になっていただきたい。

第7章
Uber や VISA も参入する先進地域
――京丹後市

「200 円バス」という革命

京都府の最北端に位置する京丹後市の公共交通については、拙著『MaaS
入門 まちづくりのためのモビリティ戦略』でも紹介した。しかしながら
この小さな地方都市ではその後も、MaaS を含めた多種多様な交通改革を
実施している。そこで改めて最新状況を含めて報告することにする。

京丹後市は 2004 年、峰山町、大宮町、網野町、丹後町、弥栄町、久美
浜町が合併して生まれた。面積は 501.44km² で、府内では京都市、南丹市、
福知山市に次ぐ広さとなる。ただし合併直前は約 6 万 5822 人だった人口
は、2021 年 6 月末には 5 万 3090 人に減少しており、多くの日本の地方都
市同様、過疎化と高齢化が問題となっている。

交通も影響を受けており、市内を走る JR 西日本宮津線の運営を引き継
いだ第 3 セクター北近畿タンゴ鉄道は、1990 年には年間累計で約 300 万
人という利用者数が 2010 年には 200 万人を割り込み、経常損失と沿線自

図1　丹海バス

治体の補助金額は増加を続け、列車の減便や設備の老朽化が進んでいた。

　よって同鉄道では経営改善のために上下分離方式を導入し、運行部分を民間企業に委譲することを決め、募集を開始した。その結果、高速バス運行などで知られる WILLER（ウィラー）グループが担当することになり、2015 年に新会社 WILLER TRAINS による京都丹後鉄道の運行が始まった。

　路線バスは、兵庫県北部でバスを走らせている全但バスの乗り入れが2009 年に終了し、市内のバス事業者は京丹後市および隣接する宮津市、伊根町、与謝野町の丹後地域を中心にバス、ケーブルカー、観光船、遊覧船などを運行・運航している丹後海陸交通の丹海バスのみとなった（図1）。この他旧弥栄町および久美浜町を走っていた町営バスを引き継いだ市営バスもあった。

　タクシーも利用者減から、旧網野町、久美浜町、丹後町から撤退し（前2町はその後復帰）、2018 年には弥栄町のタクシー事業者が廃業した。

　このままでは残る公共交通も減便や廃止に追い込まれることを危惧した

京丹後市では、乗ってもらうための仕組みづくりを検討した。その結果としてまず導入されたのが「200円バス」、つまり路線バスの上限200円運賃だった。

多くの地方同様、丹海バスは距離制運賃を採用しており、最大で1150円にもなっていた。しかも一家に平均で約2台はマイカーがあるので、高校生はマイカーでの送迎が多くなり、高齢者はマイカーでの移動を続けた。しかし前者は家庭の負担が増え、後者は運転免許を返納する高齢者も多く、同市ではやはり公共交通で移動を支える考えが基本と考えるようになった。

2005年に約5000人の利用者に聞いたところ、200円が理想という意見が多かった。さらに一人あたり平均運賃の統計を取ったところ、380円という結果が出た。200円にすることで利用者が2倍になれば、収支は現状より改善されると考えた。丹海バスは最初は反対したものの、地域の生活を支えたいという思いは一致しており、市が全面的に支えていくと約束したこともあり、最終的に合意した。

まず4路線での実証実験を翌2006年から行った。ここでは上限200円運賃導入のみならず、パターンダイヤ導入、列車からバスへの接続時間短縮、バス停留所新設、地域総合型時刻表作成、営業活動展開、高校生との対話集会なども実施して周知と理解に努めた。

次の年には上限200円を市内全域に拡大し、市営バスも200円で揃えると、2010年に実証実験から本格実施へと移行し、2013年には隣接する宮津市、与謝野町、伊根町を含めた丹後地域全域で、同一市町内であれば上限200円とした。つまり京丹後市から伊根町に行く場合は最高でも400円の運賃で行けることになった。

同市によれば、増加した利用者の6割は高校生で、それまで通学はマイカー送迎の他自転車、原付バイクなどに頼っていたという。200円なら定期券代が出せると判断した家庭が多かったようだった。200円で通学できるので遠くの高校を選べるようになったという声もあった。

実証実験前の2005年度は約17.4万人だった利用者数は、2011年度は

39.3 万人と約 2.3 倍となり、上限 200 円としたことで心配された運賃収入も約 4579 万円から 5945 万円と 1.3 倍になった。上限 200 円にしても利用者が 2 倍になれば一人あたり平均運賃 380 円を上回るという予測以上の結果が出た。

京丹後市では以前から、多くの地方のバスと同じように丹海バスに生活路線維持のための補助金を支出しているが、補助金額は 2006 年度の 8739 万円から 2011 年度は 6843 万円と、2 割以上の削減になった。

200 円バスの好調に影響を受けたのだろう、鉄道でも 2011 年、当時の運行事業者である北近畿タンゴ鉄道が市の補助を受ける形で、高齢者に限り上限 200 円運賃導入の実証実験を開始している。

こちらはまず土日祝日限定で始まったが、この時点で利用者数が 2.8 倍にもなったことから、翌年平日にも拡大。次の年には丹後地域の 2 市 2 町全域に適用範囲が拡大し、京都丹後鉄道になってからも継続している。

丹後地域 2 市 2 町住民が地域内から乗車するなら、降車地は福知山市、舞鶴市、豊岡市の降車も OK となっており、最高運賃 1530 円が 200 円になる。利用に際しては、駅や市民局で配布している 200 円レール切符と市内在住で 65 歳以上であることが確認できる書類が必要となる。利用者数は導入前の 3 倍超という数字を続けている。

車両についても京都丹後鉄道になった 2015 年以降は、多くの鉄道車両を手がけるインダストリアルデザイナー水戸岡鋭治氏によるリニューアルを実施している。特急車両は「丹後の海」という愛称にふさわしいシックなブルーの車体と木を多用した和風テイストの車内に生まれ変わり、普通列車用車両も一部が観光向けの「丹後あかまつ号」「丹後あおまつ号」「丹後くろまつ号」に変身した（図 2）。

普通列車用車両のうち、丹後あかまつ号およびくろまつ号は予約制で、2021 年も新型コロナウイルス感染対策として乗車定員削減や利用者の検温などを行いつつ、丹後あかまつ号はカフェ列車、丹後くろまつ号はレストラン列車として運行している。

図2　京都丹後鉄道特急列車

日本の地域交通で初めて Uber を導入

　一方、京丹後市の中でもとりわけ人口減少と高齢化が著しい旧丹後町地域では、異なる手法も導入している。

　同地域では2008年にタクシーが撤退したことを受け、路線バスが走っていない東西2か所の集落内の公共交通確保のために、翌年設立されたNPO法人「気張る！ふるさと丹後町」が2014年から、京丹後市の運行受託事業としてオンデマンドバスを走らせている。

　しかしこのオンデマンドバスは、車両が1台であるうえに運転手も限られているので、各集落にとっては隔日運行となるうえに、乗車前日までに予約が必要であるなど不便という声も寄せられていた。

　そこでNPOでは京都府や京丹後市の協力、ならびに市の地域公共交通会議での承認を受け、2016年からは自家用有償旅客運送制度とUber Technologies（以下Uber）のアプリを活用した「ささえ合い交通」を導入し

ている。

　自家用有償旅客運送とは、公共交通の整備が行き届いていない過疎地域に、自家用車を用い一般ドライバーの運転で旅客の移動を支えるサービスで、市町村運営有償旅客運送の交通空白輸送と市町村福祉輸送、NPO法人などが行う公共交通空白地有償運送と福祉有償運送がある。ささえ合い交通は公共交通空白地有償運送に該当する。

　Uberは日本ではフードデリバリーのサービスとしての知名度が高いが、本来はスマートフォンアプリを使った配車サービス、つまりライドシェアとして2009年に米国で創業した。車両の所有や運転手の雇用は行わず、一般のドライバーが運転するマイカーと移動者をアプリで結び付け、移動を共有する仕組みを提供した。

　米国では日本のオンデマンド交通に近い相乗り型のUber Poolも2014年に導入し、2018年からはバスのように特定の乗り場を設定し、複数の移動を集約化することで、さらに割安な運賃での移動を実現したUber Express Poolも登場している。

　さらに同年には電動アシスト自転車や電動キックボードのシェアリングを展開する企業を買収し、移動の選択肢を増やした。また2019年からはコロラド州デンバーで、公共交通をウーバーのアプリで検索・決済できるようになっており、現在は豪州やインドにも同様のサービスを提供している。つまりMaaSと呼べるレベルにまで発展している。

　車両は地元住民のマイカーを使い、車体側面に表示があり、自動車保険には独自の内容を盛り込んでいる。ドライバーはオレンジ色のベストを着用。2021年7月時点で18名おり、仕事などの合間に輸送を担当する（図3）。

　同規模の地域でのタクシー会社の車両数は10台以下であり、仕事や家事の合間の担当とはいえ、需要に合わせてドライバーを増減させることも可能であり、移動時間が重なる傾向が高い地方には適したサービスだと考えている。

　ちなみにドライバーは国土交通省による自家用有償旅客運送の講習を受

図3 地元住民が輸送を担うささえ合い交通の車内

図4 京丹後市の EV タクシー

け、2年（無事故無違反の場合は3年）ごとにライセンス更新を行う。乗務前は直接点呼を義務付けており、アルコールチェッカーなどを使用している。

前述のようにUberのシステムを使っているので、配車の依頼はスマートフォンあるいはタブレット端末で行い、決済は事前登録したクレジットカードによる。しかしこれらを持っていない住民もいるため、サポーターによる代理配車も採用し、決済は現金も可能としている。

運賃はタクシーの半額ほどで、国が定めた目安を元にした数字が承認された。自治体からの補助金は受けず、運営はすべてこの運賃で賄っている。乗車地は旧丹後町内に限られるが、降車地は京丹後市全域で可能となっている。これは法令で定められたタクシーの営業区域に沿ったものだ。

Uberアプリ利用のメリットとしては、外国人観光客でも言葉や通貨の苦労なしに利用できること、データが日報代わりとなるので事務作業が軽減されていることなどが挙げられる。マイカーを活用していること、アプリが無料であることなど、初期投資がほぼ不要であることもメリットに数えられる。

なおデマンドバスやささえ合い交通はバスと対抗する交通手段ではなく、バス停から自宅までのフィーダーという位置付けであり、取材時にもそのような配車を依頼してきた利用者がいた。

これ以外に旧網野町・久美浜町地域では2015年から、京丹後市が丹後海陸交通に運行を委託する形で、電気自動車補助金を活用した「EVタクシー」を走らせていた（図4）。

移動のみならず小荷物輸送や買い物代行、図書館代行、病院予約代行、見守り代行も行う画期的な内容だった。運賃は旧町内であれば500円、小荷物輸送や買い物代行、図書館代行、病院予約代行は15分ごと400円、見守り代行は別途見積もりとなっていた。

しかしささえ合い交通におけるUberアプリ使用を不満に思ったタクシー事業者が、ささえ合い交通と同じ日に、一度は撤退した両地域に再参入したことで競合状態になった。こうした経緯もあり、地域交通としては

画期的な事業の一つでもあった EV タクシーは 2020 年 3 月でサービスを終了した。

鉄道運営会社による MaaS 展開

　ここまで京丹後市や NPO 法人による取り組みを紹介してきたが、近年は 2015 年から京都丹後鉄道の運営に携わっている WILLER が、最先端のテクノロジーを活用した交通改革に積極的に取り組んでいる。

　「FOR ACCESS ALL」をミッションとして掲げる WILLER は、地域交通では京都丹後鉄道の他、東京池袋を走行する「IKEBUS」の運行にも携わっている（図 5）。さらに全国の高速バスやフェリー、ホテルを予約・決済できる移動ポータルサイト「WILLER TRAVEL」も展開している。

　2018 年には、北海道の道東地方で鉄道とバスを使ったひがし北海道の新しい観光スタイルを楽しめる「ひがし北海道ネイチャーパス」を、2018 年 9 ～ 10 月、翌年 2 ～ 3 月、7 ～ 10 月の 3 回にわたり発売した。

　鉄道や路線バスの乗り放題チケットに加え、1 回目では車内で地元の食材を使った食事や人々とのふれあいを楽しめる「レストランバス」、2 回目では「砕氷船おーろら」乗船や流氷ウォーク体験、3 回目では釧路湿原カヌーやホーストレッキングのチケットを用意するなど、季節に合わせたメニューを設定していた。

　予約はすべて WILLER の予約サイト内特設ページで行い、購入後にスマートフォンで取得した電子クーポン画面を指定された窓口で提示する方法で利用していた。

　こうした観光型 MaaS の経験を生かし、MaaS アプリ「WILLER」を提供開始したのは 2019 年 8 月のことだった。最初の利用可能地域として道東地方とともに選ばれたのが、京都丹後鉄道沿線地域だった。

　ちなみに同アプリはその後、同じ京都府で唯一の村であり、南東端に位置する南山城村にも導入された。ただし道東地方に関しては、新型コロ

図 5　池袋を走る IKEBUS

ナウイルス感染拡大の影響で現在アプリの利用を一時休止しているので、2021 年 6 月時点では京都府内の 2 地域での展開となっている。

　さらに 2019 年度には、国土交通省の「新モビリティサービス推進事業」の先行モデルに選ばれたことから、京都府や周辺自治体、丹後海陸交通、全但バス、観光団体などとともに、京都丹後鉄道沿線地域 MaaS 推進協議会を結成して、デンソーウェーブが開発した QR コードを用いた決済と認証の実証実験を行った。

　実験期間は 2020 年 2 〜 3 月で、事前決済したチケットの QR コードを利用時にかざす方式と、乗降時にアプリ上の QR コードを読取端末にかざすと運賃が支払える即時決済の 2 種類があった。QR コード乗車券を採用した交通事業者は、これまでにも沖縄都市モノレール（ゆいレール）や北九州モノレールなどがあったが、アプリによる距離制運賃の即時決済は京都丹後鉄道が日本初だった。

　さらに実験中は、丹海バスや全但バスの一部路線での即時決済、丹後海

陸交通のケーブルカー、天橋立遊覧船、伊根湾めぐり観光船での認証が可能だった。決済用端末の設置が難しい事業者は、専用スマートフォンで読み取る方式で対応した。

京都丹後鉄道と丹海バス、全但バスの協業はこれが初めてというわけではなく、観光客向けフリーきっぷなどで連携したことがあり、こうした経験を生かしたものとも言える。

この実証実験は期間中のみだったが、京都丹後鉄道では

図6　Visa タッチ決済（写真提供：WILLER）

その後も同 QR コード決済の使用を続けており、WILLER グループでは今後もバスを含むさまざまな公共交通への本格サービス導入に向けて検討を続けているという。

都市部の交通事業者が採用している「Suica」などの IC カードは、反応速度では QR コードを上回るものの、導入経費が高額という短所がある。都市部に比べ利用者が少なく、財政基盤に限りがある地方の公共交通には、QR コードの方が向いているという見方もあり、WILLER もこのメリットに着目して選択したとのことだった。

続いて京都丹後鉄道では 2020 年 11 月から、Visa のタッチ決済によるキャッシュレス決済サービスを開始している。通常のクレジットカード決済は、カードを読み取り機に差し込む方式が一般的だが、同鉄道では IC カードのようなタッチ決済サービスを導入した（図6）。

こちらも QR コード同様、公共交通の距離制運賃における即時決済は日本初であり、国内の鉄道事業者としても初めての事例となる。QR コー

ドと Visa のタッチ決済という 2 種類のキャッシュレス決済が選べるのも、日本の鉄道では初になる。コロナ禍において人や物への接触を避けたいという状況の中でも安心材料になる。

スマートフォンのアプリは、スマートフォンを持っている人しか使えないことに加え、アプリをダウンロードするという手間もある。そのため JR 東日本と東急が実証実験を重ねている観光型 MaaS「Izuko」のように、アプリからウェブサイトに移行した事例もある。

その点クレジットカードは、昔から流通しているキャッシュレス決済の仕組みであり、世界中で普及している。外国人旅行者でなくても、知らない土地で切符の購入方法に戸惑うことはあるが、クレジットカードは多くの人にとって日常的に利用している決済手段であり、安心感も高い。しかもワンタッチなのでストレスなくスムーズに乗車できるというメリットもある。

もちろん同社では、アプリや QR コード決済から取得したデータの沿線地域における利活用も目的としており、アプリから取得した利用者属性データに加え、QR コード決済データから行動履歴や消費履歴を把握し、地域のニーズに根差した新しいモビリティサービスの企画や地域計画に役立てたいとしている。

定額制 AI オンデマンドサービスも開始

続いて WILLER は、2020 年度の国土交通省「日本版 MaaS 推進・支援事業」の一つにも選ばれた。こちらは前年度とは枠組みが異なり、京都府、京丹後市、与謝野町、WILLER TRAINS、京丹後市の旧峰山・弥栄町地域でタクシー事業を行う峰山自動車が関わっている。

内容も前年度とは違っており、公共交通が低密度であるために、運転免許を返納した際に自由に外出できる手段がなく、家族にとっては送迎の負担が増えることに加え、新型コロナウイルス感染拡大により地域の商店や

図7 峰山駅前に停車中の mobi 車両 (写真提供：WILLER)

飲食店・宿泊施設・公共交通が打撃を受けていることから、新たなモビリティサービスによるこれらの課題解決を目指した。

　そのために導入されたのが AI オンデマンド交通サービス「mobi」で、2021 年 3 月に京丹後市内にて実証実験を行った（図7）。

　mobi は Community Mobility をコンセプトとしており、自宅から 2km圏内の移動について、マイカーのちょい乗りや自転車の代替になる交通手段を想定している。マイカーや自転車はいずれも、行きたい時に行きたい場所に自分の思いどおりに動くことから、それに近い利便性や機動性を提供することを目標とした。

　具体的には、出かける際にアプリや電話で依頼をすると、指定した場所へ約 10 分での配車を行い、エリア内の目的地まで安心かつスムーズに移動できる。配車や移動に際しては AI が最適なルートを計算して効率的な走行を行い、移動時間やコストを最適化する役目を果たす（図8、9、10、11）。

　運転免許を返納した高齢者の中には、家族の助けを借りてお出かけする

図8　mobi 画面（検索結果）
（写真提供：WILLER）

図9　mobi 画面（乗降地指定）
（写真提供：WILLER）

人もいる。mobi があれば、送迎による家族の負担を軽減するだけでなく、家族の負担を考えてお出かけを躊躇することもなくなることが期待できる。身体的・心理的な外出のストレスを減らすことで地域経済が活性化していくというシーンも、このモビリティサービスが目指したところだという。

　特筆できるのは、移動範囲を 2km に限定していることだ。これは既存の公共交通との連携を念頭に置いているため、電話以外にスマートフォンのアプリから配車予約を可能とした点からも、コンセプトが伝わってくる。

　鉄道やバスではカバーしきれない部分を mobi がサポートし、両者がシームレスに連携することで、マイカーを所有しなくても安心して暮らせる生活を提案するとともに、移動総量を増やすことで地域経済の活性化を目指

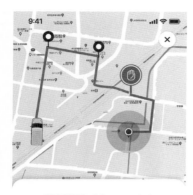

図10　mobi 画面（乗車前）
（写真提供：WILLER）

図11　mobi 画面（乗車中）
（写真提供：WILLER）

し、環境に優しいまちづくりを進めていきたいという考えは、MaaS の概念に合致するものだ。

　2021 年 3 月の実証実験の結果について同社では、自宅と職場やスーパーマーケット、駅との往復といった生活移動での利用が多く、「近所の友だちといっしょに楽しく利用できる」「バスが終わったあとの夜間の移動に活用できた」という声をもらっているという。

　実証実験 2 日目の 3 月 9 日には、WILLER は 2019 年に続き 2 回目となった「MaaS Meeting 2021」を京都府相楽郡精華町にあるけいはんなプラザで開催し、同時にオンライン配信も行った。同ミーティング内で同社代表取締役の村瀬茂高氏が新サービス mobi についての詳細を説明した。

図 12　mobi の定額予約画面
（写真提供：WILLER）

アプリで公共交通との複合検索が可能で、自宅から 2km 圏内の移動をサポートすること以外に、月額 5000 円というサブスクメニューも発表し話題となった（図 12）。一時利用では移動総量が伸びないし、お出かけのハードルを低くするためにも定額料金が好ましいという説明で、家族単位でのサブスクプランとすることを明かした。

さらに、オンデマンド交通で気になるドライバーとして、地域ごとに数台ずつ、顔なじみのプロのドライバーが運行する仕組みであることにも触れた。顔なじみのドライバーなら安心できるというメリットを挙げた。

一方、実証実験終了直後の 2021 年 4 月には、同年度第 1 回の京丹後市地域公共交通会議が開催された。ここでは旧丹後町で運行が続いている「ささえ合い交通」の更新登録提案が承認されるとともに、mobi の実証実験の報告、および道路運送法による市の要請を受けた 6 月からの運行について説明があった。

そして 6 月になると、WILLER は mobi の販売を専用アプリ上で開始した。料金は 3 月の発表時のとおりで、月額 5000 円で乗り放題としており、同居家族は 1 人あたり 500 円で 6 人まで登録可能としている。配車を依頼すると平均 10 分で車両が到着し、AI の活用により最適なルートを選択することも特徴だ。

当初発表された運行エリアは京丹後市ならびに東京都渋谷区のいずれも一部エリアで、京丹後市では旧峰山町および旧大宮町地域としており、営

業時間は 8 〜 21 時となっている。

　地方型 MaaS の中では、自治体主導ではなく、民間企業が主体となって展開している実証実験やサービスもある。しかし京丹後市においては、地域公共交通会議の内容を見てもわかるように自治体と民間企業が連携しており、それぞれの得意分野を担当しつつ、全体として地域交通の改革を推し進めていることが伝わってくるものであり、好ましい状況にあると感じている。

　現状ではささえ合い交通や旧丹後町オンデマンドバスを走らせる、気張る！ふるさと丹後町と WILLER のつながりはないようだが、マイカーを所有しなくても安心して暮らせるために公共交通や新しいモビリティサービスを提供するという姿勢は共通しているので、地域の事業者が一丸となって協力し、多彩な交通がシームレスにつながる姿になってほしいと思っている。

世界での経験を地域に生かす

　WILLER では京丹後市および南山城村以外でも、MaaS を展開している。前述した mobi は、2021 年 7 月から東京都渋谷区でもサービスを開始しており、地方と大都市で同様のサービスを提供するという興味深い事例になった。

　同社では今後も地域の特性やニーズを検証したうえで、マイカー等の代替や新しいモビリティサービスとしての展開を目指しており、日本全国を見据え、多種多様なエリアで挑戦したいと考えているとのことだった。

　海外での展開事例もある。ベトナムでは 2018 年に現地の交通事業者と合弁会社を設立し、タクシー配車アプリや都市間バスチケット販売管理システムを開発した。さらに 2021 年には、これらのシステムを共同開発した現地のソフトウェア企業と MaaS アプリの開発等を行う合弁会社を設立し、生活移動サービス mobi だけでなく、都市間移動サービス「trip」のサー

図 13　WILLER によるシンガポールでの自動運転実験 (写真提供：WILLER)

ビス展開も進めていくとしている。

　シンガポールでは 2019 年より国立庭園 Gardens by the Bay で、フランス・ナビヤの自動運転車両「アルマ」を用いた自動運転サービスの商業運行を開始しており、2020 年には国立庭園 Jurong Lake Gardens でも自動運転の実証実験を開始した（図 13）。

　自動運転については日本国内でも京都府のけいはんな学研都市や東京都東池袋で、移動に健康プログラムや快適なテレワーク環境などの地元プログラムを掛け合わせたニューノーマルに対応したサービス、デリバリーに代表される生活サービスとの連携や公共交通との結節など、既存交通の代替としての自動運転ではなく、目的に合わせた新たな移動サービスとしての実証実験を行っている。

　移動サービスにおける自動運転導入の目的には、運転手不足や人件費削減などを含めた事業運営の健全化があり、将来的には mobi にも展開されるのではないかと想像している。

さらに同社では、単なる移動手段の提供ではなく、地域の商店や飲食店、病院などとコラボレーションを進めることで、地域の価値そのものを向上できるサービスにしていくことを考えているという。そのためにホテルや学習塾の送迎なども引き受けるとともに、将来は物流も手がけ、地域移動全体の効率化を図っていきたいとしている。

　MaaS アプリはそれを実現するための手段の一つであり、地域に存在する移動課題を解決するプラットフォームという位置付けとしている。いまだに MaaS アプリを目的と考える事業者もいる中で、地域交通全体を見据えた視点は共感できるものである。

第8章
地元企業が取り組んだ地方型 MaaS
―東御市

地域公共交通の厳しい現実

　本書でここまで取り上げてきた 6 都市と、これから紹介していく長野県
東御市および小諸市の事例は、異なる角度からの記述であることを初めに
お伝えしておく。

　前に記した 6 つの事例は、筆者が外部の立場で取材したのに対し、長野
県の 2 つの自治体の事例は、MaaS 事業を展開する会社のアドバイザーと
して関わってきたからである。よって内側から見た地方のモビリティ改革
の様子をお伝えすることになる。

　まずは東御市から話を進めていく。東御市は東信地域と呼ばれる長野県
東部にあり、千曲川を挟んで南北に接していた 小県郡東部町と北佐久郡
北御牧村が合併して 2004 年に誕生した。

　北部には湯の丸高原があり、各種スポーツの高地トレーニングなどにも
使われている。その南側斜面にはワイナリーが広がり、周辺自治体と合わ

せて千曲川ワインバレーを形成している。長野県のワイン醸造用ぶどうの生産量は国内第1位である。胡桃の栽培も盛んである。北国街道の海野宿は当時の面影を現在も残しており、日本の道100選の一つになっている(図1)。

　鉄道は北陸新幹線が市内を通るものの駅はなく、新幹線の高崎〜長野間開通に伴いJR東日本信越本線が転換した第3セクターしなの鉄道が千曲川に沿うように走り、田中駅と滋野駅が位置している。道路はしなの鉄道に並行して国道18号線（北国街道）、少し山側に上信越自動車道が走っており、後者には東部湯の丸インターチェンジおよび高速バスの停留所がある。

　東御市は小学校の学区を元にした5地域にわかれている。田中駅周辺が田中地区、その北側は祢津地区と和地区で、湯の丸高原は前者に属する。滋野駅周辺を含めた東部は滋野地区で、旧北御牧村だった区域は全域が北御牧地区となる。

　その東御市は多くの地方都市同様、人口減少と若者の流出に悩まされている。市が誕生した時の人口は旧東部町が約2.6万人、旧北御牧村が6000人で合計3.2万人だったのに対し、現在は3万人を割り込み、2021年7月1日現在で2万9801人となっている。

　同市では千曲川流域の平地などに工場を誘致しており、工場の労働者の中には市内に住む人もいる。しかしこうした人を含め、多くの市民はマイカーを移動手段としている。

　民間事業者のバスは、佐久市から小諸市、東御市を経由して上田市に至る路線、田中駅から北御牧地区を経由して佐久市に至る路線がそれぞれ1日数便という状況であり、田中駅から祢津地区を北上していた路線は2021年3月で廃止されてしまった（図2）。タクシー会社は2社あるが所有車両はいずれも数台にすぎない。

　これ以外の公共交通は、以前は廃止路線代替バス、市営バス、巡回バス、小・中学生用契約バスなどが混在し、路線や曜日によって時刻が変化するなど複雑になっていたこともあり、特に日中は利用客がほとんどいない状況だった。

図1　北国街道の海野宿

図2　田中駅前の路線バス停

民間事業者のバスが次々と廃止されていく中、代わりに自治体が代替バスや巡回バスを運行するようになったことに加え、合併前の旧町村の路線をそのまま引き継いだことも、複雑さに輪をかけていた。

　そこで東御市では、市が誕生した翌年となる 2005 年度に交通システムの検討委員会を設置。同年 12 月に委員会から、新たな交通システムへ移行すべきであるとの提言を受けた。

　具体的には、廃止路線代替バス、市営バス、巡回バスなどの運行を発展的に解消し、朝夕は定時定路線、昼間はオンデマンドとする新しい交通システムを構築するとしており、運行主体には経費削減と柔軟な運行体制を図る観点から公的団体である東御市商工会を選定するとともに、市は運行経費の欠損について補助金を交付して交通の公共性を保つこととした。

　東御市のオンデマンド交通は 2006 年、「とうみレッツ号」という名前とともに走りはじめた（図 3）。長野県内のオンデマンド交通としては 4 番目という早めの導入であり、5 つの地域に 7 台を走らせるという内容は、面積や人口などから見ると全国的にも最大規模だった。

　利用者は、導入当初の 2008 年 1 〜 7 月は 1 日平均のべ 173 人で、導入前の巡回バスの利用者約 80 人の 2 倍以上に達していた。登録者数は約 4300 人で、全人口の 13％以上となっていた。朝夕のみ運行の定時定路線バスも同時期、1 日平均のべ 195 人の利用者を数えており、全体の経費も導入前に比べて削減できていた。

　ところがその後、とうみレッツ号の利用者は減少していく。運行開始当時の登録者が高齢により利用できなくなったことに加え、運転免許を返納する高齢者が増える一方、利用者の中心を占める女性高齢者の運転免許保有率が逆に増加傾向にあることが影響しているという調査結果が出た。

　商店街の中には、オンデマンド交通のために待合室の場所を提供したり、予約の電話を代わりに行ったりという協力をしている店舗もあるが、買い物をする人は増えなかった。利用者の 3 割が買い物目的だが、商店街を使う人はその中の 3％しかおらず、ほとんどの人がスーパーマーケットに向

図3　オンデマンド交通「とうみレッツ号」

かっていた。高齢者は商店街の店舗から店舗へと歩いて回るのが大変であり、1ヶ所ですべての買い物が完結するスーパーマーケットを選びがちだという。

「市報とうみ」2019年8月号では、オンデマンド交通の現状を紹介している。利用者減少が続く中、料金値上げやコーディネーターによる利用相談支援などを実施しており、厳しい状況にあることが想像できる。ただし記事では同時に、高齢者にやさしい車両への切り替え、余剰空間の効率的な利用などを提案しており、改革の姿勢は感じられる。

さらに同じ市報とうみの2020年4月号の予算報告では、公共交通、再生可能エネルギー、地域振興にも予算を計上していることがわかる。モビリティやエネルギーとも関連があるSDGsにも熱心に取り組んでいる。SDGsや人口問題を見据えた第2期総合戦略では、重要施策の一つに地域公共交通ネットワークの推進を掲げており、交通に課題があることは認識していた。

なぜ建材事業者がモビリティなのか

　この課題を解決するために名乗り出たのが、長野市に本社を構える地元企業、カクイチだった。今から130年以上前の1886年、銅鉄金物商田中商店として創業し、1959年に現社名になっている。

　近年は業務の多角化を進めており、当初からの鉄鋼建材製品の経験を生かしたガレージ・倉庫・物流事業をはじめ、アクアソリューション事業、環境事業、太陽光事業、ミネラルウォーター事業、ホテル事業などに展開している。ここに2020年に加わったのがMaaS事業だった。

　MaaSは一見すると、これまでの同社の業務とは関係がない分野かもしれない。しかしいくつかの事業を見ていくと、関連のある内容があった。

　たとえば環境事業では、中国BYDの電動フォークリフトを輸入するだけでなく、本体価格と必要経費を一体として月々定額で支払いながら使用する「カクイチサブスクリプション」を提案してきた経験を持つ。

　アクアソリューション事業は、最小で直径1nm（10億分の1m）というウルトラファインバブルを発生する装置を農家に提供し、農作物の成長促進や収穫増などを目指すもので、装置のセンサーが土中水分や日射量、温度のデータを見える化して収穫量アップなどにつなげるシステムを提案し、担当者がIBM Women Leaders in AI 2021の1人に選出された。

　つまりMaaSで重要な項目であるデジタル化やサブスクへの取り組みでは、交通以外の分野で実績を出していたのだった。

　そのカクイチがMaaS事業に乗り出すきっかけになったのは、東京2020オリンピック・パラリンピック競技大会と同時期に行われる予定のイベント「パビリオン・トウキョウ2020」だった。同イベントへの関わりを打診され、その過程で来場者の輸送を担当することになり、以前からフォークリフトで関係のあったBYDの電気バスを輸入し、走らせることを考えた。

　BYD製電気バスは、大型や中型についてはその前から日本国内でも使われていた。しかし小型については東御市が日本で初導入となった。

承知のとおり、東京 2020 大会は開催延期となった。イベント自体も延期され、2021 年開催予定の大会に合わせて「パビリオン・トウキョウ 2021」として行うことになったものの、すでにバスの輸入は決まっており、車両を 1 年間眠らせておくことになってしまう。そこで東御市でこの電気バスを走らせることになった。

　とはいえこれは想定内でもあった。カクイチでは当初から、東京でのイベントが終わったら創業の地である長野県にこのバスを持ち込み、地域交通を支えたいと考えていた。イベント輸送では MaaS の導入も考えていたが、こちらも東京で経験を積み地方で展開するという構想を当初から抱いていた。展開の順序が逆になったということなのである。

　同社は東京に本部があるものの、本社は長野県に置き続けている。生産や販売で地域に貢献していきたいという企業姿勢を感じるし、地方にはまだまだ可能性があるという気持ちが伝わってくる。これまでと異なる形での地域貢献はできないか。その結果がモビリティに行き着いたと理解している。

　地方はたしかに現状では人口減少や高齢化が進んでおり、これに伴い公共交通の利用者減少と採算性悪化が顕在化している。また多くの観光客が一部の有名な拠点に集中し、それ以外の地域は地元にある観光資源を活かすことができないでいるという問題もあり、コロナ禍以前から観光目的での公共交通が成立しにくい地域は多かった。

　しかしながら最近は、公共交通にとって追い風となる流れもいくつか出てきていることを見逃すわけにはいかない。

　高齢ドライバーの交通事故増加を受けた運転免許返納は全国的に増加しており、こうした人々の移動を支えるためにも公共交通の整備は必須である。富山市が成功例として紹介され、全国で取り組みが進むコンパクトシティも、市街地の拡散を抑え、中心市街地に人を集めることになるので、公共交通の輸送効率が向上し、運営が成立しやすくなる。

　近年のモビリティ業界で注目されている自動運転、そして本書のテーマ

でもある MaaS も、筆者は地方に向いていると考えている。

　自動運転は、日本では自家用車、バスなどの移動サービス、トラックに代表される物流サービスの3分野に分けて考えられている。このうち移動サービスは、現時点でも主として地方で実証実験などが行われており、遠隔管理による無人運転を行っている実例もある。交通量が少ないので制御がしやすいことが大きい。

　MaaS についても、交通事業者の数が少ないということは、事業者間の調整やシステム構築のしやすさにつながるうえに、地域の商店や飲食店などをメニューに含めることも容易になる。経済産業省と国土交通省が「スマートモビリティチャレンジ」の名の下で共同で進めている支援でも、地方での実証実験が多く選ばれている。

　加えて新型コロナウイルスの感染回避の観点から、地方を見直す動きが生まれていることも見逃せない。特に長野県は、日経トレンディと日経クロストレンドが発表した 2021 年ヒット予測の9位に「長野でテレワーク」が入っていることでもわかるように注目の地域であり、実際に軽井沢町や白馬村などでは人口増加が見られる。

　地方への移住を考える際、観光地として有名な場所はまず候補に上がりがちであるが、それは公共交通が整備されているためもあるだろう。東京のような大都市で暮らしてきた人々は、公共交通を使った生活に慣れており、地方においてもこの点を重視するのではないかと考えている。

MaaS 事業などについて協定を締結

　こうした状況を受けてカクイチでは、商業施設や観光施設、娯楽施設など既存のインフラを生かし、これらをつなぐ公共交通サービスを安価に提供することで、移動コストを下げ、人の移動を増やすとともに、MaaS によって移動と生活や観光を連携させ、東御市を活性化するという構想を描いた。

　そのために、電気バスが基幹路線を走行し、そこから自宅までのラスト

マイルではグリーンスローモビリティが担当するという、第4章で紹介した山口市のような公共交通の機能分担を導入し、将来は双方に自動運転も導入することで運営コストの低減を図っていくこととした。

　数ある自治体の中から東御市を選んだ理由としては、生産を担当する子会社であるカクイチ製作所ならびにカクイチ建材工業の本社が同市にあり、以前から東御市の状況は熟知していたことに加え、花岡利夫市長をはじめ関係者との交流があったことが大きい。

　同社は東御市との間で、数回の会合を行った。その結果2020年7月、東御市はカクイチ建材工業との間で公共交通等に関する包括連携協定を締結したと発表した。連携項目は、

　　　1：地域交通サービス（観光移動サービスを含む）に関すること
　　　2：電気バス車両の利活用に関すること
　　　3：MaaS に関すること
　　　4：市民・観光客の行動変容に関すること
　　　5：その他本協定の目的を達成するために必要な事項に関すること

となっており、今後この協定に基づき、市民懇談会の開催、市民ニーズに対応した公共交通システムの実証実験などを実施しながら、将来にわたり持続可能な地域公共交通の確立を図るとしていた。

　東御市とカクイチ建材工業ならびにカクイチは、東御市商工会や信州とうみ観光協会とともに東御市先端MaaS協議会を結成し、高齢者がいきいきと元気に生きる社会を目指したまちづくり改革を進めることになった。

　まず同年9月下旬から11月初めにかけて、湯の丸高原の林道の一部で、グリーンスローモビリティの運行を実施した（図4）。事業実施主体は信州とうみ観光協会で、平日に1日2往復の運行とし、運賃は無料とした。

　車両はヤマハ発動機の7人乗り電動カートで、すでにグリーンスローモビリティの車両として認可されているものをカクイチが購入し、運行に際して必須となる講習も受講した。湯の丸高原での運行終了後、12月には和地区のワイナリーで、関係者や地域住民を対象としたワイナリー周遊の

図4　運行実験が行われたグリーンスローモビリティの車両 （写真提供：カクイチ）

実証実験も行った。

　並行してカクイチでは、BYD がグリーンスローモビリティと同格の車両を生産していることを知り、調査を始めた。ヤマハ発動機の車両は筆者も何度か乗っており、乗り降りのしやすさや乗り心地など満足する部分が多かったが、運行側では満充電での航続距離が30 〜 50km と短いことがネックであり、この部分で上回る BYD の車両の中から三輪車を輸入した。

　グリーンスローモビリティのような側窓のない三輪車両は、日本では側車付二輪自動車、つまりサイドカーとして登録することになる。タイのトゥクトゥクなど、東南アジアや南アジア諸国で近距離移動用車両として親しまれている車両も、日本では側車付二輪自動車登録とする例が多い。

　二輪車の保安基準は、最高速度を時速 20km 未満としなくても衝突安全試験が免除されるなど、四輪車とは異なる部分がいくつかある。ゆえに最近は富山県氷見市や射水市など、地域輸送用として導入を進める事例が増えている。カクイチもその流れの一員ということができる。

続いて10月下旬からは、BYD製小型電気バスによる公共交通の実証実験を始めた。こちらについてはまず、ルート設定から検討を始めた。

　前述のように路線バスは便数が少なく、廃止路線代替バスなどに代わって走りはじめた朝夕の定時定路線バスは市内各地としなの鉄道田中駅や北御牧総合庁舎を結ぶルートで、オンデマンド交通はドアtoドアとなっていた。しかし結果として利用者が減少していたわけであり、移動実態に合っていないのではないかと感じていた。

　そもそも定時定路線バスもオンデマンド交通も、自宅からスーパーマーケットや病院までというマイカーに近い移動形態であり、まちなかのにぎわい創出にはさほど貢献しないし、お出かけの楽しみが体験できているとは言えない。そこで電気バスは市内中心部を巡回し、回遊効果を高めることに力点を置いた。

　具体的には田中駅と駅前商店街、スーパーマーケット、市民病院、温泉施設などを結ぶ循環型のルートとして、地域住民や観光客にとって役立つだけでなく、まちを楽しめるツールにしようと考えた。

　バスの名前は「RIDE'N（ライデン）」で、この地で生まれた江戸時代の名力士・雷電関とRide onを掛け合わせたものとした（図5）。環境に優しい電気バスということもあり、外も中もライトグリーンをアクセントカラーとしたうえで、車内は長野県の県木である白樺をモチーフとし、自然豊かな地域の電気バスであることを印象付けた。

　バスは無料運行の実証実験ということもあり白ナンバー登録としたが、安全性を重視して運転は地元のタクシー会社に依頼した。もちろん住民説明会も何度か実施し、周知を図るとともに理解を求めていった。筆者も何度か東御市の視察を行い、必要に応じてアドバイスを重ねていった。

　一連の流れを振り返れば、東京2020大会の延期が決まってわずか半年後に東御市でグリーンスローモビリティ、翌月には電気バスが走り始めたことになる。関係者の努力には感謝するしかない。「こうしておけば良かったのではないか」という部分はたしかに存在したが、走りながら直してい

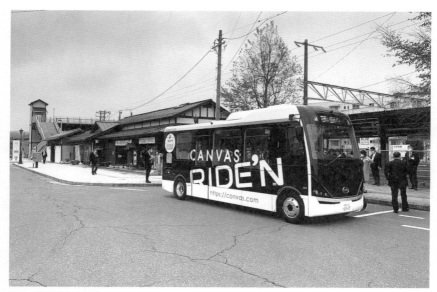
図5　田中駅と RIDE'N

けばいいという東御市とカクイチの姿勢に共感した。

　最初から完璧を求めるがゆえに導入に慎重になるという事例を、交通分野以外を含め、この国で多数見てきた。こうした判断の結果、モビリティでもっとも大切な利用者への提供が遅れがちになってきたことは否めない。筆者自身、それだけは避けたいと考えていたので、まず実行するという姿勢を支持した。

顔認証 MaaS への挑戦

　MaaS アプリについては「CANVAS（キャンバス）」という名称とし、導入は電気バスからとした（図6）。バスロケ提供の他、オンデマンド交通予約なども可能なシステムを想定し、フォークリフトで実績のあるサブスクも組み込んで、乗れば乗るほどお得になり、将来的にはにぎわいを創出するプランとして考えた。

図6　CANVAS（写真提供：カクイチ）

顔認証もシステムに組み込むこととした。パソコンやスマートフォンの普及が大都市ほど進んでいないという地方の現状を踏まえたものだった。最初に会員登録および顔登録を完了させれば、既存の多くのMaaSのようにスマートフォンを持ち歩く必要はなくなる。気になるのは顔認証の反応速度であったが、地方であれば利用者数が限られているので、その点もあまり問題にならないだろうと予想した。

　認証方法は、バスの乗降口にタブレット端末を取り付け、ここで取得した顔情報をクラウドに送り、あらかじめ登録してあった顔情報と照合するものである。将来的にはラストマイルの移動を担うグリーンスローモビリティの乗車予約や運賃決済、さらには商店の支払いなども顔認証で可能とし、ポイント付与やクーポン発行など住民が外出したくなるような仕掛けになるような存在を目指した。

　顔認証の運用にあたってはもちろん、個人情報の取り扱いに注意する必要はあるが、今回は実証実験であり、運賃は無料だったので利用は任意としており、実験に理解を示した人のみ利用してもらうことにした。

　それでもどのような属性の人がどこで乗り、どこで降りたかがデータとして残るので、移動情報を取得して路線の最適化を図り、市民の行動設計に生かすためにも重要と考え、当初から取り入れた。

　またバス車内にはタブレットを数ヶ所に設置し、停留所とともに降車ボタンもここに組み込むことで、乗車中の確認と動作が1ヶ所で完結できる

ようにした（図7）。もちろんこちらも移動データ取得と解析を睨んだもの
だった。

　運行を始めてみると、顔認証はクラウドとの通信速度が遅いという意見
が出された一方、積極的に使いこなしてくれる利用者もいた。顔認証は地
方に向いているという思いがあった一方で、スマートフォンすら持たない
住民がはたして顔認証を使ってくれるかどうか不安があったが、蓋を開け
てみると複数の高齢者が乗降口のタブレットに顔を近づけ、乗り込んでい
くシーンを見ることができた。

　顔認証を含めた先進的なインターフェイスは、大都市の若者ほど浸透し
やすく、地方の高齢者ほど敬遠しがちであると断言する人もいる。しかし
少なくとも東御市はそうではなかった。地域や年齢だけで先進技術への適
応性を判断するのは誤りであり、きちんと説明していけば顔認証のような
デバイスであっても地域に根ざしていくことは可能であると確信した。

　電気バスの実証実験は2021年3月まで実施したが、半年間内容を変え
ずに行ったわけではなく、4つの期間に分け、その都度走行地域やルート
を変えていった。

　第1期では平日の9時から17時まで、田中駅と祢津地区および和地区
のスーパーマーケット、市民病院、温泉施設などを経由する周回ルートを、
1周するごとに反転する方法で走らせた（図8）。

　期間中には東御市が、5つの地区すべてで公共交通に関する市民懇談会
を実施した。大学教授を招いて「自分たちの地域に必要な交通は市民で考
えなければいけない」と地域公共交通の重要性を伝えるとともに、住民な
どから要望を募った。

　第2期ではバスが2台に増えたこともあり、東部の滋野地区にもルート
を新設するとともに土日の運行を始め、従来からある和線は朝夕の通勤通
学時間帯にも便を設定した。第3期では和線を休止する代わりに滋野地区
を東線と西線に分け、北御牧地区にも御牧原線および八重原線を設定した。
そして第4期では、第2期までの和線を東西で分けて東側を中央線とし、

図7　バス車内のタブレット

図8　RIDE'N 時刻表（資料提供：カクイチ）

図9　改良型タブレット（写真提供：カクイチ）

これと滋野線の3路線とした。

　新たな地域や道路を走らせることで需要を確認したいという気持ちもあったが、土日や通勤通学時間帯の運行、滋野や北御牧地区への展開は、前述の市民懇談会で出た意見を反映したものでもあった。

　サービス面では、第2期からは2台体制になったこともあり顔認証を休止した。代わりに2号車は車内のタブレットをスマートフォンサイズに小型化し数を増やした（図9）。多くの人が姿勢を崩さずに停留所の確認や降車の伝達を行えるようになった。

　すべてアナログ方式であったが、利用者に向けた特典も数多く用意した。具体的にはマスクのプレゼント、温泉施設の無料入場券、田中駅前商店街スタンプラリーなどを提供している。

　いうまでもなく、こうした要素はアプリに組み込むことが可能であり、将来は移動情報の提供や運賃決済ともども、デジタル化して利用者に提供できればと考えている。

利用者の声に後押しされた半年間

RIDE'Nではこれ以外にも、途中から取り入れたサービスがあった。車内アナウンスである。富山県の高岡市および射水市を走る路面電車の万葉線で、射水市出身の落語家、立川志の輔師匠が土日祝日に車内アナウンスを担当していることにヒントを得て、東御市の西隣に位置する上田市出身の立川談慶師匠にお願いした。

単なる停留所の案内ではなく、東御市の名産や雷電関、今も舞台が残り上演が続けられている地歌舞伎などを軽妙な語り口で紹介していただいた。モーター走行ゆえ静かな車内ににぎわいを生み出す雰囲気作りという点で、多大な貢献をしていただいたと思っている。

広報宣伝活動については、運行初日の田中駅前での出発式を開催し、その後も市民へのチラシ配布、田中駅での広告掲出などを行ったが、振り返れば不足している部分が多々あったと感じている。

にもかかわらず、周辺自治体や関係企業などが情報を聞きつけて、視察に来たことには驚かされた。一部はその後、意見交換を行うなど関係が発展している。

ここまで多くの人々に注目していただいたのは、裏を返せばこの地域で目を引く交通改革があまり行われてこなかったためもあると思っている。これを機に東信地域全体が交通改革に目覚めてくれればという期待を抱いた。

実証実験中は東御市商工会職員ならびにカクイチ社員がアテンダントとして乗車し、アンケートを取っていった。アプリは用意していたものの利用しない人もいたので、生の声を集めることにしたのである。データでは得られない、人の気持ちが伝わってくるような内容が多く、貴重な収穫になった。

第1期の集計結果は、市報とうみ2021年2月号で紹介された。利用者の年代では、オンデマンド交通の利用者はほとんどが60歳以上だったの

図 10　RIDE'N 利用風景

に対し、RIDE'N ではそれ以下の年齢層の乗客が 3 分の 1 を占めていたことも印象的だった。

　具体的な声としては、すでに運転免許を返納した高齢者に加え、近い将来免許返納が現実になるので公共交通を利用してみたという意見が目立った。地方はマイカーがなければ生活できないという人は多いが、実際に地方に住む高齢者は一歩先を見据えた生活を送っていることが理解できた。

　利用目的としては試乗、買い物、温泉が多かった（図 10）。このなかで当初、ほとんど期待していなかったのが温泉で、中心市街地からやや離れた温泉施設「湯楽里館」に直行できることを歓迎する声が多く聞かれた。

　前述のように利用促進策の一つとして、利用者に湯楽里館など温泉施設の割引券や無料券をプレゼントしたことも関係していると思われるが、地域活性化や外出機会創出という目的は、ある程度果たしていたことになる。

　これ以外にも利用した曜日や時間帯、CANVAS を利用しない理由など、多彩な項目で感想を伺った。CANVAS を利用しない理由としては「スマー

トフォンを持っていないから」「存在を知らなかったから」が多く、今後に向けての参考にすることとした。

　市報とうみではこれを含めて 4 回連続で公共交通にページを割き、2021年 1 月号では RIDE'N の写真を表紙に使った。市民への周知という点で多大な貢献をしていただいたと感じている。

　電気バスの実証実験は 2021 年 3 月でひとまず終了となった。東御市とカクイチでは、実証実験のデータを元に今後の展開について議論を重ね、2021 年度は電気バスの運行を行わず、地域公共交通計画を策定することとなった。

　市民からは RIDE'N がなくなることに対して残念という声が聞かれている一方、冒頭で紹介した佐久市から小諸市、東御市を経由して上田市に至る路線バスは 2021 年 9 月で廃止が発表されたという動きもある。6 月 24日には第 1 回東御市公共交通活性化協議会が開催されており、今後の議論によっては、再び電気バスが運行されることもあるかもしれないと感じている。

　試行錯誤という表現がふさわしい東御市での実証実験だったが、カクイチにとって初の公共交通および MaaS 事業は貴重な体験となったはずである。東御市との協定期間は 2022 年 3 月 31 日までとなっており、今後も形を変えて先端 MaaS 事業の取り組みが続くとともに、他の地域での活用にも期待を抱いている。

交通の要衝として発展してきたが

　長野県東御市とカクイチによる先端 MaaS 事業の情報は、前章でも触れたように、派手な広報や宣伝活動をしなかったにもかかわらず、周辺の関係者に瞬時に広まっていった。その中でも特に明確な興味を示してきたのが、東御市の東隣にある小諸市だった。

　小諸市の面積は 98.55km² で東御市より少し狭いが、2021 年 7 月 1 日現在の人口は 4 万 1917 人と 1 万人以上多い。これは明治時代からこの地が交通の要衝として栄えてきたことが大きいと考えている。

　江戸時代に整備された五街道の一つである中山道は、現在は佐久市となっている南側の地域を通過していた。小諸市には東御市同様、北国街道が通り、宿場が置かれた（図1）。ところが明治時代になると、北国街道に沿った道路が国道 18 号線になったのに対し、この地域の旧中山道は県道になっており、小諸市を通る道がメインルートになった。

図1　小諸宿があった北国街道

　さらに明治時代になると国の手で鉄道の建設が始まり、高崎駅から軽井沢、長野を経て新潟県の直江津駅に至る路線が開通。小諸駅が置かれた（図2）。続いて大正時代には、小諸駅から南に伸びる佐久鉄道、西へ向かい現在の東御市北御牧地区に至る布引電気鉄道が相次いで開業する。

　後者はまもなく廃止されたが、前者は国に買収され、現在のJR東日本小海線になった。最初の路線は信越本線と命名されており、小諸駅は東信地域では数少ない鉄道の乗り換え駅となった。

　しかも当時の信越本線は東京と長野、北陸地方を結ぶ大動脈であり、数多くの特急列車が走っていた。小諸は特急停車駅として、多くの人が利用するようになった。ところがその後、新幹線整備の計画が出てくると、この地勢に変化が起きることになる。

　信越本線は昔から、群馬県と長野県の境にある碓氷峠がネックになっていた。当初は2本のレールの中央に歯型の付いたレールを敷き、機関車に取り付けた歯車を噛み合わせて急坂を確実に上り下りするアプト式が、旧

図2　しなの鉄道・JR東日本小諸駅

　国鉄では唯一採用された。その後、車両の性能向上でアプト式は廃止され
たが、それでも特急電車を含む全列車が、専用の電気機関車を2両連結し
て走行することを強いられていた。

　よって新幹線は、当初は碓氷峠を避け、軽井沢の南を通るルートが考え
られた。これは高速道路の上信越自動車道も同じだった。

　このうち上信越道は当初の計画のまま、1993年に関越自動車道藤岡ジャ
ンクションから佐久インターチェンジまで、2年後に小諸インターチェン
ジまで開通し、東京と直結した。なお軽井沢への入り口になっている碓氷
軽井沢インターチェンジは正確には軽井沢町ではなく、東隣の群馬県安中
市に位置している。

　これに対して新幹線は、群馬・長野県境を通過後は、小諸市経由と佐久
市経由の2案が示された。当然ながら誘致合戦が繰り広げられることに
なった。どちらも地域内には一駅しか作られないという計画であったこと
から、小諸市は東隣の北佐久郡御代田町および軽井沢町と共同で、佐久市

に対抗することになった。

　ところが軽井沢の観光需要を取り込みたい当時の国鉄や、同地に多くの観光施設を持つ西武グループなどが、新幹線の軽井沢誘致を働きかけた。その結果、当初の計画とは逆に、高崎駅を出ると信越本線の北側を大回りし、碓氷峠をかすめるようにして軽井沢駅に到達するルートが確定した。

　このルートであれば徐々に高度を稼いでいけるので、機関車の助けを借りず、新幹線車両単独で軽井沢に行くことが可能という計算だった。

　もっともこの時点では、フル規格での新幹線としての建設が決まっていたのは高崎〜軽井沢間だけで、それより西は山形新幹線や秋田新幹線のように、在来線を改良して新幹線を通すミニ新幹線方式も検討されていた。

　しかし1998年に長野市と周辺地域で冬季オリンピック・パラリンピック開催が決定したことに加え、北陸地方の自治体からはフル規格での建設の要望も根強く、とりあえず長野まではフル規格での新幹線で行くことになった。

　新幹線の軽井沢乗り入れが決まった時点で、軽井沢町は誘致活動から自動的に抜けており、小諸市のグループはやや存在感が弱まっていたことは否めない。一方の佐久市は当初から、積極的な誘致活動を繰り広げていた。最終的にはこれがルート選定に影響し、1997年の新幹線開通と同時に、佐久市内の小海線と交差する場所に佐久平駅が新設された。

　1991年には約6.2万人だった佐久市の人口は、10年後の2001年には6.7万人を超え、2005年に周辺町村と合併すると10万人の大台を突破した。2021年7月1日現在の人口は9万8440人で、その頃と比べればやや減少しているが、佐久平駅周辺には大型商業施設が林立し、周辺には住宅街が続く、大都市郊外を思わせる眺めになっている。

　一方の小諸市は2005年4月1日現在の人口は4万4559人であり、減少局面が続いている。新幹線の開通と同時に、信越本線は第3セクターのしなの鉄道になったことで特急列車の運行もなくなり、東京や金沢に鉄道で向かうには乗り換えを要するようになった。

図3　しなの鉄道

　とはいえしなの鉄道自体は、旧軽井沢駅舎の復活、有料快速列車や食事付き観光列車の運行、パートナーズクラブ運営など、同様の経緯で生まれた第3セクターの中では積極的な経営で有名でもある（図3）。2020年には新型車両を導入したことを含め、地域活性化を後押しする鉄道事業者として評価すべきであると考えている。

小諸版ウエルネス・シティ

　こうした状況の中、「小諸に元気と誇りをとりもどす！」を合言葉に2016年の小諸市長選挙で初当選したのが、2020年に再選を果たして現在も市政を司っている小泉俊博氏である。

　小泉市長は初当選後、政策集「こもろ未来プロジェクト」を反映させた第10次基本計画に基づく施策の実現に向けて着手し、新幹線誘致が実現しなかったことなどから漂っていた停滞感や諦めムードを払拭し、市民の

意識変化を行った。

さらに 2020 年の再選時には、最初の 4 年間の市政を踏まえた 2 期目の具体的な政策として、「こもろ未来プロジェクト 2020 〜これからの小諸の目指す姿について〜」を発表した。

同市によれば、従来のまちづくりをこのまま続けていった場合、2020 年 1 月 1 日現在で約 4.2 万人だった人口は、2040 年には 3.3 万人を割り込むと予想している。中でも生産年齢人口の割合では、今後 20 年間で 54.32％から 47.19％に低下し、50％を割り込んでしまうという深刻な予測が出されている。

人口減少による社会への影響は、本書でもこれまで書いてきたが、まちのにぎわいが消え、学校や職場が維持できなくなり、商店街はシャッター通りになるなど、生活利便性だけでなく地域の魅力も低下し、さらなる人口減少を引き起こしていく。つまり負のスパイラルに陥る可能性がある。

しかしながら周辺自治体を見渡すと、前章で触れた軽井沢町だけでなく佐久市や御代田町も、コロナ禍前の 2019 年時点であっても転入増となっている。小諸市も 2016 年と 2019 年を比べると、転出超過数が 157 人から 15 人へと、大幅に少なくなっている。

つまり人口減少をもっと緩やかにしていける可能性はあるわけで、選ばれる街を目指すことが大切と小泉市長は考えている。そのために掲げたのが「小諸版ウエルネス・シティ（健幸都市こもろ）」である。

ウエルネス・シティ、健幸都市宣言をしている自治体は数多く、日本国内だけでも 100 を越えると言われている。しかし多くは豊かな人生、輝いている人生を築くためのベースを提供するに留まっている。

これに対して小諸市では、すべての市民が豊かで輝いている人生を実現でき、住んで良かったと感じることをゴールとしており、市外に住む人々から見ても癒され、自分に帰れるまちを目標とした。つまり健康に限定しない健幸を目指すとして、次の 6 つの柱を掲げている。

子育て・教育：心豊かで自立した人が育つまち

環境：豊かな自然と環境を未来につなぐまち

健康・福祉：全ての人のいのちが輝くまち

産業・交流：稼ぐ力をもった元気なまち

生活基盤整備：安心・安全で暮らしやすいまち

協働・行政経営：市民協働で支える健全な行政経営

　加えてこの6つの柱を横断する目標として、市民から小諸ファンまで多様な人々の活躍による地方創生の推進、SDGsやSociety5.0といった新しい時代の流れを力とした持続可能なまちづくりを掲げている。

　そのために同市では、定住人口だけでなく、関係人口や交流人口も増加させていくことで選ばれるまちとしての魅力を高め、長期的な視点で人口減少問題に取り組んでいくことを標榜した。

　関係人口とは、現在住んではいないものの、この地で生まれ育った経歴を持つ人、仕事などで小諸市に行く機会がある人のことだ。一方の交流人口は、かつて旅行などでこの地を訪れたことがある、行ったことはないものの興味があるなど、限定的な接点を持つ層のことである。

　小諸市では交流人口の中から関係人口を創出し、そこから移住によって定住人口になってもらうという構想を描いている。そのためには、関係人口になってもらうためのきっかけづくりが重要であり、自然や歴史、文化など幅広い分野においてまちの魅力を育むとともに魅力を発信し、まちのファンを増やしていくことが大切としている。

　さらに人口減少に果敢に立ち向かい、持続可能なまちを目指すための成長戦略として、今ある人材や資源の最大限活用、マーケティングとプランニングの必要性、経営的視点の必要性、10年20年先を見据えた取り組み、やっぱり最後は人が基本というキーワードを掲げている。

サードプレイスとして選ばれるまちへ

　新型コロナウイルス感染症についても、地方にとっては追い風になり得るというメッセージをいち早く出している。テレワークやテレビ会議が一般的となったことで、毎日出勤しなくても可能な業務が増えたことに加え、工場進出についても海外はリスクがあるということで国内回帰の傾向が見えているからだ。

　コロナ禍では自宅でも職場でもない居心地の良い場所として、サードプレイスが注目されている。小諸版ウエルネス・シティでも、ウエルネスサードプレイスという概念を掲げた。市外の人が何度でも帰りたくなり、住んでみたいと思いたくなる、居心地の良い場所も目指している。

　前章で紹介した千曲川ワインバレーの発展のためのプラットフォーム「アルカンヴィーニュフォーラム・千曲川ワイン倶楽部」代表を務める小山眞一氏はオフィシャルサイトで、小諸市がウエルネス・シティを掲げて以降、外部からの投資が顕著になってきたと紹介している。

　2020 年には無添加化粧品で有名なハーバー研究所の製造販売子会社が同市に工場の建設を始め、この年創業したばかりの軽井沢蒸留酒製造が蒸溜所を着工した。2021 年夏には、東京の IT ベンチャー BTM が小諸駅前に「イノベーションハブこもろラボ」をオープン予定としている。さらに北国街道沿いには移住者によるレストランや市内の焙煎工場で腕を磨いたマスターによるカフェが出店し、市内の老舗味噌メーカーは食材店を開店している。

　小山氏は合わせて、小諸市職員や地元商店主などで構成する民間団体おしゃれ田舎プロジェクト、小諸駅前「停車場ガーデン」を運営する NPO 法人小諸の杜、北国街道「与良館」設立に関わった NPO 法人小諸町並み研究会など、まちづくりに関わる団体の尽力にも触れている（図 4）。

　こうした人々が小諸のまちづくりを後押ししていることは、現地を訪れれば肌で感じることができるはずだ。筆者も 2020 年秋、小諸駅周辺を初

図4　小諸駅前の「停車場ガーデン」

めて訪ねた際、一部の地方都市の駅前とは明らかに異なる活気が伝わって
きたことを覚えている。

　これ以外にまちづくりと関連した小諸市のプロジェクトとしては、
「KOMORO AGRI SHIFT」もある。

　浅間山麓の南斜面に位置した小諸市は、標高差が600〜2000mと大き
いうえに、多彩な土壌を持ち、全国でもトップクラスの日照時間を誇る。
こうした風土を活かし、昔から高原野菜・水稲・果樹などさまざまな農産
物が生産されてきた。しかしながら、こうした農産物を生産する農家では
高齢化と後継者不足が進んでいる。

　その中で生産者からは「食べてくれる人の顔が見えたらうれしかった」、
消費者からは「豊かな土壌で多様な農産物が作られており里山の農風景も
いい」という声があったことに着目し、作る人と食べる人の笑顔をつなぐ
ことで小諸の農のファンづくりに取り組むことが急務と考え、プロジェク
トを立ち上げた。

具体的な動きとしてはまず、2017年に行政として世界で初めて着手した、土壌微生物多様性仮説に基づく栽培基準づくりがある。化学肥料や農薬の使用による土壌消毒により微生物が死滅し、病害を増加させているという声があることから、土壌微生物の多様性を育み、有機物分解能力などにより健康的な農産物を生み出す栽培基準作りに取り組んでいる。

　このあたりの方向性では、ウルトラファインバブルにより農作物の成長促進や収穫増などを目指す、カクイチのアクアソリューション事業に通じるところがある。

　さらに小諸の農家同士が出会い、話し、アイデアを出し合える場「KOMORO AGRI CAFE」を開催したり、ロゴマークを作成したりするなどの活動も行っている。ちなみにロゴマークは四角い弁当箱をモチーフにしており、四角形をずらすことで、つくる農からつなぐ農へのシフト感を持たせるとともに、弁当箱をあけたときの高揚感・ポジティブなイメージも込めたとのことである。

コンパクトシティとスマートカート

　ハード面でのまちづくりとしては、ネットワーク型コンパクトシティが特筆できる。言葉からわかるように、近年になって推進している施策だが、実は小諸は昔から、コンパクトシティとしての資質を持っていた。

　このまちは戦国時代に築かれた小諸城を中心に発展したが、明治時代になって鉄道の整備が決まると、線路を城趾内の三の門と大手門の間に通し、小諸駅は三の門の脇に作られたからである（図5）。

　おかげで懐古園と命名された城趾公園は駅に隣接しており、大手門周辺に発展した商店街はそのまま駅前商店街になった。

　市役所が以前から、駅から約500mという徒歩圏内にあったのは、地方都市としては珍しく、駅が中心市街地にあったことが大きい。同市ではこの立地を生かして市庁舎を改築するとともに、市民交流センターや市立小

図5　小諸城大手門

図6　市庁舎（右）と市立図書館・市民交流センター（中）、浅間南麓こもろ医療センター

諸図書館、病院を敷地内に集約させ、中心市街地のにぎわいを保っていくことにした。

　新しい市庁舎ならびに市民交流センター、図書館は2015年に完成し、2年後に病院（浅間南麓こもろ医療センター）が開院した（図6）。ちなみにこの事業は、国土交通省が推進している「地方都市リノベーション事業」の第1号に採用された。

　この市庁舎エリアには、小諸商工会議所や小諸看護学校なども置かれている。隣接する小諸駅エリアには小諸宿旧本陣主屋が移設され、歴史展示を行う他イベントスペースとしても活用している。その本陣主屋があった北国街道小諸宿エリアでは、旧本陣問屋場の復元事業が始まり、脇本陣は一足先に旅館に生まれ変わった。

　さらに市庁舎エリアと小諸エリアの間では、現在複合施設の建設が進んでいる。小諸市に本社を置き、この場所でスーパーマーケットを展開していたツルヤが店舗を構える他、バスターミナル、交流スペース、高齢者福祉センター、病児・病後児保育施設などが入ることになっている。

　つまり隣接する市庁舎エリア、小諸駅エリア、北国街道小諸宿エリアに多くの公共施設や観光施設が集結することになるわけで、筆者が日本国内で見てきたコンパクトシティの実例の中でも、利便性ではトップレベルになると思っている。しかしながらモビリティについては課題があるというのが同市の判断だった。

　小諸市ではコンパクトシティに対応する交通ネットワーク構築のため、地域公共交通の再生及び活性化に関する法律に基づき、2016年度に公共交通網形成計画を策定した。これに基づき、自宅から目的地までの移動手段としてオンデマンド交通「こもろ愛のりくん」の運行を市内全域で始めた（図7）。

　利用者は会員登録を済ませた後、電話で予約するが、コールセンターなどではデジタル化も進めている。運行管理は地域の商店主などを中心に新たに設立された「まちづくり小諸」が担い、市内のタクシー事業者が実際

図 7　オンデマンド交通「こもろ愛のりくん」

図 8　小諸駅前に停車中の「egg」

の運行を担当。運行日時は毎週月〜土曜日の9〜16時で、運賃は300円となっている。

　ちなみに月〜金曜日の朝夕には、同じ車両を使った定時定路線バス「愛のりすみれ号」が6路線で運行しており、こちらの運賃は大人200円となっている。朝夕と日中で運行内容を変える方法は東御市の「とうみレッツ号」に似ている。

　しかしながら2021年の市議会では、こもろ愛のりくんの2019年度の延べ利用者数は約5.4万人で、運行開始当時の5.8万人からやや減少している一方、運行事業費は当初の6200万円から8300万円に拡大しているという説明があった。午前中の利用集中に対応するために予備車両を用意したり、コールセンターの人員を増強したりした結果だという。

　同市のコンパクトシティ政策は市民にも浸透しているようで、市役所周辺施設は1日あたり約2500人が利用しており、図書館は開館から約4年半で入場100万人を突破している。こもろ医療センターには市外からの患者も多く足を運んでいる。

　とはいえまちなか居住は、駐車場用地確保の難しさや道路の狭さなどからマイカー移動に慣れた人は敬遠気味で、思うように進まないという現実もあった。コンパクトシティにふさわしい公共交通の確保が必要であるとも同市では感じていた。

　そのために小諸市では、以前から交通事業者や住宅開発会社、大学教授などと、交通改革についての議論を重ねてきた。そのさなかに隣の東御市で、カクイチによる電気バス実証実験が始まった。小諸市とカクイチは議論を重ねた結果、まず2021年4月16日から、中心市街地でスマートカート「egg」を巡回させる試験運行を始めた（図8）。

　車両はいずれも電動の三輪と四輪のカートで、前者は電気バスと同じBYD製で側車付二輪車登録、後者はヤマハ発動機製グリーンスローモビリティで湯の丸高原の実証実験に使用した車両である。

　運賃は無料で、小諸図書館、小諸駅舎内カフェ「小諸駅のまど」、こも

ろ観光局で同乗者確認証に記入し、乗車チケットを受け取ると、期間中何度でも利用することができた。小諸駅エリア、市庁舎エリア、北国街道小諸宿エリアを回遊するルートとし、チケットがあればどこでも乗り降りできるフリー乗降制とした（図9）。

MaaSアプリCANVASは、小諸駅のまどで、バスロケをタブレットに表示させる形での提供となった（図10）。一方小諸市では利用者アンケートを実施し、今後の運行に役立てた。

運行は5月29日までの毎週金・土曜日で、合計14日

図9 「egg」の乗車チケット

図10 タブレットに表示されたバスロケ

間にすぎなかったが、最初の10日間の延べ利用者数は522人と、想定以上の成果が得られた。

　比較のために、経済産業省の委託を受け国立研究開発法人産業技術総合研究所が調査した石川県輪島市の2018年の実績を挙げると、平日約20人、休日54人である。2015年に公道走行を開始したグリーンスローモビリティのパイオニアの数字を、走りはじめたばかりのeggが上回ったことになる。これ以外の電動カートを用いたグリーンスローモビリティの実証実験と比べても、eggの成績は上だった。

　理由はいくつか考えられる。まずはコンパクトシティとスマートカートの相性の良さである。eggに使った車両はどちらも、ラストマイルの移動のために考えられたものであるが、小諸駅エリアと市庁舎エリア、北国街道小諸宿エリアの関係はまさにラストマイルであり、スマートカートのために生まれたようなまちだった。

　しかも駅から市役所にかけてはゆるい登りが続く。もちろん元気な人は歩いて行くことも可能であるが、足腰の弱い人にとってはスマートカートが重宝する。

　おまけに中心市街地を回遊するルートとしたので、1周の所要時間は15分ほどであり、車両は2台なので、駅で待っているとすぐに車両がやってくる。運行時刻は決めなかったが、不満を覚えた人は少ないはずだ。

　思い起こせば東御市の電気バスは、広い地域を循環していたこともあり、運行間隔は最短でも1時間に1本だった。利用者にとってはやはり、本数が多いほうが喜ばれることを改めて痛感した。

　もう一つ好評の理由に挙げられるのは、積極的な広報宣伝戦略である。スマートカートを運行していたのは小諸市の都市計画課だが、広報宣伝活動については産業や観光などそれ以外の部署の方々も積極的に動いたという。おかげで小諸駅構内から北国街道沿いの蕎麦屋まで、あらゆるところでポスターを見ることができた。

産官学連携で MaaS を目指す

　このようにスマートカート試験運行は、一定の収穫は得られたと思っているが、同時に今後へ向けての課題もまた浮かび上がったと考えている。個人的にはやはり、MaaS の本格導入へ向けて歩みを進めてほしい。

　小諸駅のまどで表示していたバスロケをスマートフォンで確認できるようにしたいし、チケットのデジタル化も難しくないはずだ。今回も一度発行すれば何度でも乗れる、いわばサブスク方式だったので、そのまま有料化すれば乗れば乗るほどお得になり、まちなかの賑わいにも貢献するのではないだろうか。

　また今回はバス停のないフリー乗降制にしたが、スマートフォンなどで運行側とリアルタイムで情報共有ができるのであれば、バス停は不要だと考えている。設置に要する費用などが削減できるし、利用者の側から見ても好きな場所で乗って降りることができるのは理想に近いからだ。

　ただし交通状況などにより待ち時間が生じることもあるので、乗客が待つことができるスペースを有する場所を確保し、そこにベンチを置くなどすれば、利用者側にとっても運行側にとっても停留所代わりの目安になると考えている。

　毎日運行となった場合は運転手確保も問題になる。中心市街地であるので交通空白地ではなく、福祉輸送以外の展開では自家用有償運送制度は使えない。かといって本格的なバスとしての運行は、第二種運転免許を保持した運転手や緑ナンバーの車両が必須であり、一気にハードルが高くなる。

　なお東御市での実証実験に使った電気バスは、小諸市ではまず、新型コロナウイルスワクチン集団接種会場への輸送に用いられた。同市では、集団接種会場の駐車場に限りがあることから、基本的に送迎バスによる来場をお願いしており、地区ごとに指定する乗降場所へ集合してもらい、送迎バスを利用する形を取っていた。送迎バスの運行情報は、ワクチン接種券に同封していたとのことである。

ところでスマートカート試験運行中の 2021 年 5 月 12 日には、小諸市とカクイチは学校法人先端教育機構 事業構想大学院大学とともに、同市の活性化を目的とした産官学連携「まちづくり包括連携に関する協定」を締結。カクイチからの企業版ふるさと納税を財源に、農業振興事業および MaaS 事業を中心とした地域活性事業への取り組みを行う「事業構想プロジェクト研究会」を立ち上げた。

　事業構想大学院大学は 2012 年 4 月に東京南青山に開学した、事業構想と構想計画を構築する社会人向け大学院で、事業の根本からアイデアを発想し、事業の理想となる構想を考え、実現するためのアイデアを紡ぎ、構想計画を構築していくことを対象とした多様なカリキュラムを提供している。東京の他、大阪、福岡、名古屋の 4 校舎があり、2020 年度現在で計 361 名が修了している。

　ふるさと納税というと、2008 年に始まった個人向け制度を思い浮かべる人が多いと思うが、企業版の制度も 2016 年にスタートしている。

　個人向けに比べると範囲は限定されており、地方公共団体が行う地方創生の取り組みに対する企業の寄附について、法人関係税を税額控除するものとしている。当然ながら、本社が所在する地方公共団体への寄附は対象外となる。2019 年度の寄附実績は 1327 件、33.8 億円となっている。

　当初は法人税および法人住民税について寄附額の 2 割、法人事業税について寄附額の 1 割が税額控除を受けられたが、地方創生のさらなる充実・強化のために、2020 年度の税制改正で法人税・法人住民税は 4 割、法人事業税は 2 割に、税額控除の割合が引き上げられた。

　通常、企業が地方公共団体に寄附を行う場合には約 3 割が損金算出可能となっているので、これと合わせれば最大で約 9 割の軽減効果が得られることになった。

　さらに 2020 年 10 月には、企業版ふるさと納税（人材派遣型）という制度も創設された。こちらは企業版ふるさと納税の仕組みを活用して、専門知識やノウハウを持つ企業の人材を地方公共団体などへ派遣し、さらなる地

方創生の充実・強化を図るものだ。

　条件として、企業から企業版ふるさと納税に関する寄附があった年度に、当該企業の人材が寄附活用事業に従事する地方公共団体の職員として任用される他、地域活性化事業を行う団体などに寄附活用事業への関与で採用される場合などが該当している。

　地方公共団体側としては、実質的に人件費の負担なく人材を受け入れることができるうえに、関係人口の創出・拡大が期待できるなどのメリットもある。一方企業側にとっては、寄附による金銭的な支援のみならず、事業の企画や実施に派遣人材が参画することで、企業ノウハウの活用による地域貢献がしやすくなるという利点がある。

　ちなみに小諸市は個人版ふるさと納税制度についても、小泉市長が就任した 2016 年度以降力を入れており、2015 年からの 4 年間で納税額は 54 倍にもなっている。うち約 3 割は地元企業など返礼品提供事業者の売り上げとなっており、1 億円あまりの経済効果があるとしている。

　3 者は今回の協定の締結を契機に、産官学の強みを生かしながら協力・連携し、小諸市域の発展に寄与していくとしている。協定の概要としては、
　（1）地域再生計画の推進に関すること
　（2）まちづくり及び地域課題の解決に関すること
　（3）上記（1）、（2）に係る人材育成に関すること
　（4）その他各当事者が必要と認めること
となっており、計画推進や課題解決だけでなく人材育成にも取り組もうとしているところが目を引く。産官学連携という新しい枠組みの中で、この地での MaaS 事業がどのように展開していくのか、期待とともに見守っていくつもりである

第10章

地方型 MaaS に求められること

リーダーシップの重要性

　本書は日本国内に数多く存在する MaaS プロジェクトの中でも、自治体が主導したもの、民間企業や大学の研究室が主導しているものの自治体との協力により進めているものを選んで紹介した。

　理由は簡単で、MaaS は新たなビジネスチャンスなどではなく、地域交通改革のためのツールの一つと考えているからである。コロナ禍では利用者急減により観光バスやタクシーの事業者が事業停止に追い込まれているが、仮に以前から MaaS が日本に浸透していたら、民間事業者主体の場合は同じ道を辿ったことが十分に考えられる。

　だからこそ自治体のリーダーシップが大切である。これは本書を執筆するにあたり国内の自治体を訪れ、取材を進めていった中で、さらに思いを強くした。

　我が国の地方交通改革でもっとも成功した実例の一つが、第 3 章で取り

上げている富山市であろう。筆者は2011年『富山から拡がる交通革命』（交通新聞社）執筆のために同市を訪問して以来、取材や講演、プライベートの旅行などで、ほぼ1年に一度足を運んでいる。その度に、公共交通を軸としたコンパクトなまちづくりが実を結びつつあることを肌で感じてきた。

この地で2002年に合併前の旧富山市長選挙で初当選して以来、合併後を合わせて19年にわたり市長を務めてきたのが森氏だった。

森前市長が「公共交通を軸としたコンパクトなまちづくり」を掲げたのは、富山市長就任直後のことである。

まず廃止が議論されていたJR西日本富山港線を、3年後に国内初の本格的LRTとして生まれ変わらせ、続いてまちなかのにぎわい創出のために市内電車環状線を復活させるなど、公共交通改革で実績を挙げていった。

しかしそれは、強引に進めていったわけではない。前に紹介した拙著の取材では、富山港線のLRT化に際して、自身でも約120回、住民に対して説明を行ったと話していた。一方で東京などで開催されるフォーラムにも積極的に参加し、さまざまな場面で富山市のプロモーション活動を行っていった。

市長が率先してここまで動けば、職員もついていこうという気持ちを抱くはずだ。自分から進んで行動すること、市民にしっかり説明していくことが、地方改革においては重要であると、この時思い知った。

筆者が最後に市長在籍時の森氏を目にしたのは、2020年3月の路面電車南北接続による直通運転開始のときだった。前年、同氏は次の市長選には立候補せず、勇退を表明していた。富山市の公共交通整備が路面電車南北接続で一段落したからだろう（図1）。

自身の任務をまっとうした段階で、潔く後進に道を譲るという引き際もまた見事だったし、富山市のまちづくりがハードウェアからソフトウェアへ重点を移し、新たな一歩を踏み出そうとしていることは、第2章で書いたとおりである。

こうしたソフトウェア政策を担っているのが若手中堅職員だ。前市長が

図1　路面電車南北接続が実現した富山駅

旗振り役となって始めたまちづくりの精神が職員たちに浸透し、発展していることを感じた。新市長の藤井氏のもとでも、富山市のまちづくりは着実に歩みを進めていくであろう。

　森前市長以外にも、リーダーシップを感じる首長は何人かいる。第9章で取り上げた小諸市の小泉市長もその一人であり、2021年2月に日本経済新聞主催でオンライン開催された地方創生フォーラムで基調講演を務めるなど、各方面で小諸市の魅力を発信している。

　春日井市の伊藤市長も行動派と呼ぶことができる首長で、第5章で触れた高蔵寺ニュータウンで2021年2月に行われた自動運転小型バス実験では初日に自ら訪れ、関係者と意見交換を行うなどしていた。

　こうした首長の行動に対して、中には目立ちすぎであるという声もある。しかし新型コロナウイルスの感染者数報道を見ればわかるように、日本のマスメディアは大都市、とりわけ東京の話題ばかりを取り上げがちだ。地方が控えめな態度を取っていたら、そのまま埋もれてしまうのである。上

記の首長は、地方の不利を承知しているからこそ、各方面で発信に努めていると思っている。

　リーダーではなく、モビリティやデジタルに精通したスペシャリストが改革を推進している事例もある。中津川市の事例を報告した第6章で紹介した、同市定住推進部定住推進課の柘植係長は代表格と言えるだろう。ちなみに同氏は、GTFS活用による公共交通の利便性向上が評価され、一般社団法人 地域活性化センターが後援する「地方公務員アワード」を2020年に受賞している。また第7章で取り上げた京丹後市での200円バスなどの施策は、同市政策企画課職員が中心となって実現した。

　このように筆者が訪れた、モビリティに関して先進的な取り組みを行う自治体は多くの場合、交通に精通したリーダーやスペシャリストがおり、高い理想を掲げながら現実的な視点も持ち合わせ、卓越した実行力で課題を解決している。そういう人材がいるかどうかでモビリティが決まるような印象さえ抱いている。

　しかしながらリーダーシップは、森前市長の例にあるとおり、市民や職員との対話が必須である。それがないと暴走と取られてしまう恐れがある。山口県宇部市におけるJR西日本宇部線のBRT（バス高速輸送システム）転換計画はその一つと言えた（図2）。

　宇部市では2018年12月の市議会で、久保田后子前市長がJR西日本との間で宇部線の今後について非公式の対話を重ねていることを明かすとともに、BRTへの転換を提案した。事前にJR西日本から非公式の打診があったと思われる。

　ところが宇部線BRT化のニュースは地元の新聞社などで報道されたものの、市民へ向けての公式の説明はなかった。また宇部線は宇部市内で完結しているわけではなく山口市にも伸びており、JR西日本が車両などを共通運用している小野田線は大部分が山陽小野田市に属している。しかし発表は両市や山口県と共同ではなく、宇部市単独でのものだった。

　市議会の議事録を見ると、当初はさほどでもなかった市長への批判が、

図2　JR西日本宇部線

次第に大きくなっていくことがわかる。特に2020年9月の市議会では、交通以外の施策も含めて「市民に相談していない」「言葉だけ先走っている」などの批判があった。

　久保田前市長は翌月、体調不良を理由に突然辞任。11月に市長選挙が行われ、篠崎圭二氏が前市長の路線継承を訴えた対立候補を破って当選。2か月後にBRT計画は凍結という報道が流れた。

　新市長就任後に公開された報告書を見ると、BRTを含めた次世代公共交通システムの検討をしていたのは宇部市だけで、山口市と山陽小野田市は既存の鉄道バスの活用を目指しており、方向性は対照的である。さらに宇部線のみBRT化し、小野田線は鉄道で残すと想定しており、両線を共通運用していたJR西日本の車両運用は根本から見直さざるを得ない。

　筆者はMaaSを含めた交通改革において、自治体のリーダーシップが大切であると以前から発信してきた。しかしそれは独断専行を意味するものではない。そして市民も交通政策について見識を持ち、理解あるリーダー

を選ぶとともに、必要に応じてそのリーダーとともに改革を進めていく気概も必要である。

　その点では第4章で解説した山口市が、現在も市長の座にある渡辺氏が中心となって、市民・事業者・行政が協働して持続的な交通を創り育てるという姿勢を明記したことは賛同できるもので、今後、他の地方にも波及していくことを期待している。

交通改革の原資はどこで生み出すか

　コロナ禍により一部で地方移住の流れが生まれつつあるとは言え、我が国の地方都市は多くが少子高齢化による労働人口減少、マイカー普及による中心市街地のにぎわい消失などに悩んでいる。

　MaaSをはじめとするモビリティサービスは、経路検索や事前決済、新しいモビリティサービスとの融合などにより公共交通を使いやすくし、人口減少に歯止めをかけ、中心市街地活性化に貢献するものであると思っているが、多くの地方は税収減にも悩んでおり、多大な投資ができない状況にあることも事実である。

　しかし、一部の都市では税収以外の手法を使うことで、モビリティやまちづくりの改革を実現している。

　前にも紹介した富山市では森前市長が、まちづくりに経営の考え方を取り入れたことにも注目している。

　森前市長は中心市街地、および地域拠点から中心市街地に向かう公共交通を整備しただけでなく、沿線に文化施設や商業施設、集合住宅を建設し、広場や公園なども用意してまちなか移住を誘致した。それにより市の資産価値を向上させて税収増につなげ、それを郊外に分配していく手法を取ったのである。

　同氏が市長に初当選した2002年には、3年後に実現する周辺市町村との合併は想定されていたはずだ。富山県の面積の約3割、人口の約4割を

図3　富山市の中心市街地

　占める広大な地方都市にまんべんなく投資しては、予算がいくらあっても
足りない。こうした考えから、公共交通を軸とするコンパクトなまちづく
りを推進していったのだと考えている。
　その結果、かつては減少の一途だった中心市街地の一部で人口が反転し、
富山県の多くの自治体で地価下落が続く中、富山市の地価は5年連続で
増加（図3）。税収は2005年度の約679億円から15年後の2020年度は約
742億円へ増加した。
　たしかに公共交通への投資は巨額で、そこだけを取り上げて批判する人
もいるようであるが、まちなか居住の進展や税収増という結果は出ている
わけで、長い目で見て判断すべきだろう。
　一方小諸市の小泉市長は第9章で書いたように、カクイチおよび事業構
想大学院大学とともに、同市の活性化を目的とした産官学連携「まちづく
り包括連携協定」を締結した。ここではカクイチからの企業版ふるさと納
税制度を活用することになっている。

企業版ふるさと納税はもともと地方創生に限定した制度ということもあり、他にもこの制度を用いてまちづくりへの投資を行おうという自治体が増えている。

　一方、個人向けふるさと納税などを原資にモビリティ改革を実行している自治体としては、茨城県猿島郡境町がある。

　ここでは2020年11月から、ナビヤ製自動運転シャトル「アルマ」を、実証実験ではなく、いきなり定時定路線バスとして公道での運行を始め注目を集めた。自治体主導で自動運転車両を本格サービスとして導入するのは、国内で初めての事例となる（図4）。

　実証実験ではないので補助金や助成金主体ではなく、同町ではアルマ3台の購入費用や5年分の運営費用として5億2000万円の予算を計上し、運行管理を担当するソフトバンクグループのBOLDLY、ナビヤの日本総代理店であるマクニカと契約した。

　東京から50kmほど離れ、2021年6月1日現在での人口は2万3996人にすぎない町が、なぜここまで大きな投資をできるのか。町役場に行くとヒントがあった。壁にはふるさと納税の金額が30億円を達成したという垂れ幕が掲げてあったからだ。関東地方で3年連続1位、茨城県では5年連続1位だという。

　この原動力になっているのが1975年に同町で生まれ、町議会議員などを経て2014年から町長を務める橋本正裕氏であることは間違いないだろう。就任翌年の2015年のふるさと納税額はわずか6.5万円だった。それがピーク時には60億円にまで増大していたからだ。

　国からの補助金・助成金獲得額も最近6年間で倍近くに増えており、それ以外に太陽光発電の売電による収益などもある。自治体の長であると同時に、優れた経営者としての側面もあると想像できる。

　しかも橋本町長はモビリティにも精通しており、町議会の議事録を見ると、交通分野の質問では自ら率先して答弁しており、自動運転のレベルやAI、Uberなどの用語を使いつつ、最新事情をわかりやすく説明している。

図4　境町が導入した自動運転による定時定路線バス

　こうした町長の仕事ぶりは町民に伝わっており、多くの人が町長を支持しているとのことだった。しかも日本で初めて、外国製の自動運転シャトルが定時定路線バスとして町を走るというのは、ここに住み働く人にとって自慢にもなるだろう。

　モビリティ以外でも境町は地方創生に積極的で、世界大会の開催が可能なレベルのホッケーコートやBMX・スケートボード用パークを開設。世界的に有名な建築家隈研吾氏による建築物は、道の駅さかいにあるさかい河岸レストラン「茶蔵」をはじめ6ヶ所あり、コロナ禍が収束すれば建築巡りで町を訪れる人が増えるだろう（図5）。

　これに対して地域間交通は、町内を走る鉄道はなく、隣接する地域への路線バスがあるぐらいだったが、交流人口の増加や町の活性化に伴い、2021年7月から首都圏中央連絡自動車道（圏央道）の境古河インターチェンジ近くにあるバスターミナルと東京駅を結ぶ高速バスが走ることになった。これにより活性化にさらに弾みがつくだろう。

図5　境町に隈研吾氏が設計したレストラン「茶蔵」

　プロセスの違いはあるものの、モビリティ分野に豊富な知識を持ち、日本初の事例を実現することでシビックプライドを高めていこうとする姿勢は、富山市の森前市長と一致する。リーダーシップとともにマネジメント能力も兼ね備えていることが大切であると言えるだろう。

タクシーには改革の余地がある

　地方都市では民間事業者が賄えなくなった部分を行政が引き受けるパターンが多いが、そもそも移動支援はタクシーから地域の支え合いまで民が担う部分が大きく、あらゆる部分が行政管理となることは現実的ではないのではないか。これはある地方都市の交通担当者から聞いた意見である。
　だからこそ自家用有償旅客運送のような地域住民が支える移動、グリーンスローモビリティのようなコミュニケーションを前提とした移動手段が近年、注目を集めているのではないかというのが同氏の主張で、共感する

ところである。

　こうした新しいモビリティサービスへの期待と並行して、従来からある公共交通、とりわけラストマイルにもなりうるタクシーを時代に即したスタイルに変えていこうという動きもある。

　第7章で取り上げた京丹後市および東京都渋谷区で展開が始まったWILLERのmobiも、タクシー事業者との提携でサービスを提供しているという点ではその一つであるが、他にも事例がある。

　2017年に設立したニアミー（株式会社NearMe）が運行する「通勤シャトル」はその代表格と考えている。同社はまず、大都市の深夜移動などにフォーカスしたタクシーの相乗りマッチングアプリをリリース。翌年には大都市や地方都市で相乗りの実証実験を行うと、新東京国際空港（成田空港）と東京都内15区を結ぶ「スマートシャトル」を始めた。

　サービス内容は、利用者から前日までにスマートフォンのアプリで配車予約を受け付け、同方向に移動する他の利用者や車両をAIでマッチングする乗合オンデマンド交通のプラットフォームを提供するもので、移動者の利便性とともにタクシーの稼働率を向上させるという目的があった。

　ところが2020年に入ってまもなく、コロナ禍で空港利用者が激減し、タクシー事業者が大きな打撃を受けた。そこで同社では、空港向けの仕組みを使って公共交通の密を回避し、タクシーにも有益になる仕組みがないかを考えた結果、東京都内で同じルートで通勤する人を輸送するサービスを導入した。

　その後、このサービスは東京以外にも展開しており、現在は福岡空港や和歌山県の南紀白浜空港でも運用し、京都市周辺での導入も検討されている。自動車工場や保育園など個別の事業所や施設などに特化したサービスもあり、タクシー活用の新しい事例として注目されている。

　一方2015年に徳島市に設立された電脳交通は、クラウド型タクシー配車システム提供および配車業務を事業内容としている。創業者は祖父が経営していたタクシー会社に入り、ドライバーとして経験を積んだあと経営

者となり、業績を V 字回復させた。その経験からヒントを得て同社を創業している。

　同社では法人タクシーの約 7 割が車両数 10 台以下という小規模事業であり、地方のタクシーではおよそ 4 分の 3 が電話配車であることに着目。しかも従来の 配車システムは保守点検料が高額だったことから、安価で便利なシステムを投入し、電話対応は継続しながら IT サービスを提供していくというステップアップが必要と考えた。

　そこで開発したのがクラウド型タクシー配車システムと配車委託サービスで、2019 年 10 月から翌年 3 月にかけて行った「徳島県おもてなしタクシー」など数度の実証実験を経て本格サービスに移行している。

　低コストで最新のシステムを使い続けることができる他、配車業務の請負、配車実績レポート作成、複数のタクシー会社の共同配車などを担当可能で、導入エリアは 2021 年 6 月時点で 35 都道府県となった。

　島根県出雲市で 1998 年に創業し、2005 年に現在の社名になったバイタルリードも、タクシーを活用した交通改革に乗り出すベンチャー企業である。同社では「交通」というキーワードを中心に据え、道路計画や公共交通計画などのコンサルティングを行ってきた。最近はスマートフォンやパソコンで 1 台のタクシーに同じ方面に向かう利用者をマッチングし、安価な運賃で移動できる旅行商品「あいのりタクシー」などのサービスを展開している。

　同社が地域改革のために、タクシーを活用した新しい乗合交通の仕組みとして展開を始めたのが AI オンデマンド配車システム「TAKUZO」で、2019 年から県内の大田市湯泉津町井田地区で実証実験を進めている。利用者からは外出機会が増えた、自治体からは補助金の削減につながると好意的な意見が多く、今後は本格サービスへの移行や他の地域への進出を考えているという。

　TAKUZO の最大の特徴はサブスクを導入していることで、大田市の場合、利用者は会員登録後、月額料金 3300 円を支払えば、タクシー乗り放

題となる。運行エリアに投入するタクシー台数は限られているので、他者の予約が先に入っている場合は相乗りになったり、利用時間の変更を行ったりすることになる。

　ドア to ドアの移動を可能とし、安全快適に移動できるタクシーは、地方の高齢者にとって重要な存在だが、運賃の高さや台数の少なさなどがハードルになっていることもたしかである。デジタル活用によってこの部分が解消できれば、鉄道やバスよりも身近な交通手段になるわけで、今後も斬新なサービスが登場することを期待したい。

デジタル化の浸透には何が必要か

　新型コロナウイルス感染症の流行では、日本がデジタル後進国であることが明らかになった。書類にハンコを押してもらうためだけに出社しなければならないという、21世紀とは思えない前時代的な慣習が今なお残っていることが露呈した。

　しかしこうした不満が表面化したおかげもあり、我が国のデジタル化は着実に進展してきていると感じる。これは間違いなく MaaS にとっては追い風となる。

　それでも地方の高齢者の中にはスマートフォンを持っていない人が多いので、MaaS を含めたデジタル化は時期尚早という意見もある。しかしこれは、地方はマイカーがないと生活できないというフレーズ同様、大都市で暮らす人たちが、都会は進んでいて地方は遅れているという画一的な判断をもとにして発信している意見と筆者は考えている。

　第8章で記したように、東御市では MaaS のみならず顔認証まで取り入れるという、かなり先進的な実証実験を敢行した。同市の集計にもあったとおり、スマートフォンを所有していない人は一定数いる。しかし一方で、積極的に使いこなす利用者もいた。

　地域や年齢だけで先進技術への適応性を判断するのは誤りであり、顔認

証のような先進技術であっても、地方への導入は可能なのである。

　ではどのように進めれば良いか。これについては第2章で取り上げた前橋市の事例が参考になるのではないかと考えている。同市では2020年12月から翌年3月にかけて実証実験を行ったMaeMaaSについて、JR東日本の観光型MaaSとの連携を図り、市民かどうかを識別する手段としてマイナンバーカードを使用したからだ。

　この部分だけ見ると大胆な手法であると感じるかもしれないが、前橋市では以前からタクシー運賃補助制度「マイタク」で利用登録証および利用券をマイナンバーカードで電子化したという経験があった。そのため2021年4月からはマイタクの新規登録者はマイナンバーカード利用のみとしている。デジタル慣れしていた市民が多かったことが想像できる。

　でもそれは市民の先進性だけが理由ではない。前橋市でも普及のためにさまざまな施策を行っているからだ。筆者が実証実験中に市役所を訪れた際には、1階ロビーに特設窓口を設けてマイナンバー申請支援を行っていたし、市内の郵便局でも交付申請ができる環境を整備しているという案内もあった。行政側の環境作りもまた、デジタル化には重要であると教えられた。

　それでもスマートフォンを持ちたいと思わない、デジタル化にはついていけないという声は出るだろう。そういう意見を否定するわけではない。しかしそういう層は、欧米にも少なからず存在している。

　多くの国や地域では、キャッシュレスでないと公共交通が利用できないわけではない。しかし運賃に大きな差をつけることが多い。以前筆者が利用したこともあるエストニアの首都タリンの路面電車は、現金は3ユーロなのに対しスマートフォンのQRコードでは1.5ユーロと半額になっている（図6）。

　我が国でここまで差額を大きくしたら非難が殺到するだろう。しかし現地ではおおむね受け入れられている。キャッシュレスにすれば人件費が削減されるうえに、乗降時間も節約できる。その点を理解する人が多いから

図6　タリンの路面電車乗降口

だろう。

　対する日本ではさまざまなサービスが、従来型の方式に慣れた人を基準に設定されており、デジタル化によってコストダウンを図ろうとすると、それを従来型のサービスにも還元せよと主張する人がいる。こういう声に影響されてデジタル化が進まないという事例が散見されるのは残念である。

　そんな中、栃木県宇都宮市および芳賀町で2023年3月開業予定のLRT「宇都宮ライトレール」では、興味深い手法を導入しようとしている。

　運賃は現金とICカードともに同額となる予定であるものの、現金の支払いは乗務員がいる先頭部に限られるのに対し、ICカードではすべての扉での乗降が可能となる予定になっている（図7、8）。さらに開業に先駆け、ライトレールでも使える地域連携ICカードを導入した。

　このカードでは地域のLRTおよびバスだけでなくJR東日本や東武鉄道の路線も利用可能であるうえに、ポイントサービス、高齢者外出支援事業・精神障害者交通費助成事業としての福祉ポイント付与を当初から実施して

図 7　宇都宮ライトレールの車両

図 8　宇都宮ライトレール車両の IC カード端末

おり、6月30日からはバス上限運賃も導入した。

　運賃そのものに差をつけるのではなく、乗降性やポイントなどでメリットを与える方式であれば、不公平感は少ないという声が多数派になるかもしれない。

地方移住の流れを味方につける

　6月15日、国土交通省が毎年国会に提出している交通政策白書の2021年版が閣議決定された。コロナ禍ということもあり、「コロナ禍を乗り換え、進化する交通」をテーマとしており、全4部構成となっているうちの1部をこのテーマに充てるなど、現状に即した内容になっている。

　全体で300ページ以上というボリュームであり、全部は紹介できないが、まず特筆すべきは就業者数で、少子高齢化でありながら2012年以降は増加している。女性と高齢者の就業者数が増加していることが大きく、鉄道や路線バスなどの定期券利用者数は増えており、全体での利用者も増加しているという。

　続いて地方移住やワーケーションについて触れた項に注目した。首都

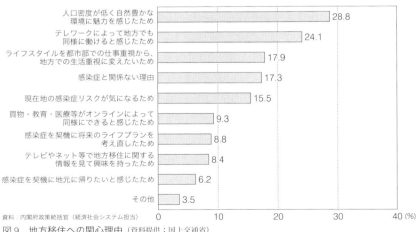

図9　地方移住への関心理由（資料提供：国土交通省）

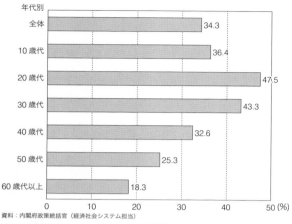

年代別

全体	34.3
10歳代	36.4
20歳代	47.5
30歳代	43.3
40歳代	32.6
50歳代	25.3
60歳代以上	18.3

資料：内閣府政策統括官（経済社会システム担当）

図10　年代別ワーケーション実施希望率（資料提供：国土交通省）

圏在住者のうち、地方移住に関心を持つ人の割合はこの1年で6.5％増え、東京23区在住の20歳代はおよそ2人に1人が関心ありだという。ワーケーションを希望しているのも30歳代以下が中心とのことで、今の若者は大都市への憧れはさほど強くないようだ（図9、10）。

　つまり少子高齢化でありながら通勤で公共交通を使う人は、少なくともコロナ禍の前までは増加を続けており、一方コロナ禍ではとりわけ若者の間で、ワーケーションなどで地方移住を望む人が増えている。地方における公共交通の需要は先細りではなく、まちづくり次第ではある程度は期待できるという予想が成り立つ。

　交通政策白書では、公共交通は地域生活や経済活動を下支えするために不可欠として、地域が自ら交通をデザインし、行政と民間が一体となり、事業者間で連携していくことが大切としており、使いやすい交通の実現では自治体を中心としたまちづくり施策との連携が重要としている。本書で紹介してきた地方都市の実例に重なる部分が多いことに気づいた読者もいるだろう。

　こうした状況を受けて2020年度交通に関して講じた施策、2021年度交通に関して講じようとする施策には、膨大な項目が並んでいる。その中に

MaaS という文字を何度か見ることができる。

　たとえばコロナ対策の補正予算の活用例としては、感染防止対策や運行支援の他、MaaS 導入のための調査や計画策定、車内混雑情報導入への支援も掲げており、コロナ禍においても MaaS が一定の役割を果たすことを説いている。

　移動や物流のサービスレベルのさらなる引き上げでは、今後の検討課題として、サービスの見える化、ビッグデータ活用、キャッシュレス決済の普及、サブスクやダイナミックプライシング導入など、MaaS 関連の項目が目立つ。

　観光関連の施策はまだ時期尚早ではあるが、今後の目標として観光型 MaaS 導入が、ワーケーション普及に向けた交通整備、観光列車や水上バスなど交通そのものが観光になる資源の充実とともに記されている。

　本書の後半で、筆者がアドバイザーを務めている長野県の東御市および小諸市を取り上げたが、実はこの 2 市の人口は、2021 年 4 月 1 日から 6 月 1 日にかけて増加に転じている。交通政策白書の統計とこの数字を見て、今こそ地方に MaaS を筆頭とする交通改革が必要という気持ちはさらに強くなっている。

おわりに

　どこが MaaS の本なんだ。本書を読んでいただいた方の中には、そんな感想を抱いた人がいるかもしれない。たしかにスマートフォンアプリについての記述は一部である。しかし日本の地方における MaaS は、ここまで範囲を広げて紹介していかなければならないと筆者は考えている。

　MaaS は Mobility as a Service の略であり、最終的な到達点は ICT を活用して多様なモビリティをシームレスに統合し、単一のサービスとして提供することだ。しかし日本の地方交通が、いきなりその次元に到達するのは難しい。

　世界で初めて MaaS という概念を提唱したフィンランドを含めた欧州の都市は、もともとコンパクトシティであるうえに、モビリティはまちづくりのためのツールという考えも根付いていた。そのために地域交通は 1 都市 1 事業者とし、税金や補助金を主体とした運営として改革を進めやすくした。

　その過程で、事前決済の一種である信用乗車方式や、距離ではなく領域で運賃を決めるゾーン制などを導入していった。これらが MaaS の導入に有利に働いていることは、改めて書くまでもないだろう。

　そんな欧州でも、フィンランドで MaaS の源流になるアイデアが生まれてから、スマートフォンアプリの「Whim」が形になるまで、10 年の歳月を要している。土を耕し、種を蒔き、水をやりながら成長を見守ることで、ようやく MaaS の花が咲いたという表現が近いかもしれない。

　よって本書では、はじめに MaaS ありきの事例は割愛させていただき、地域の課題解決のために交通改革が必須と痛感し、そのためのツールとして MaaS の導入を目指す事例にスポットを当てた。地方で MaaS を育てていくためには、まちづくりのストーリーを理解することが大切と考えたからである。

　本書の執筆にあたっては、自治体担当者、交通事業者、大学研究者など多くの方にお世話になった。とりわけ東御市および小諸市の事例では、アドバイザーとして参加している株式会社カクイチの存在が不可欠であった。

　そして出版に際しては、学芸出版社編集部岩崎健一郎氏および山口智子氏のご尽力も欠かせなかった。この場を借りて皆様にお礼を申し上げたい。